右脳と左脳のダンス

誰でもない私探し

長田恒昌

白馬社

はじめに

本書「右脳と左脳のダンス」には、ある実験がしてあります。
散文詩の方はロジカルに、エッセイはエモーショナルに書いています。
つまり普通の逆の表現方法なのです。
右脳で読まれても左脳が働き、
左脳で読まれても右脳が働くようにしてあります。
なぜなら難解な哲学の「存在とは何か？」がテーマになっているからです。

散文詩もエッセイもまったく同じ内容の別の表現です。

出来るだけわかりやすく表現するには、逆が一番しっくりとくると判断したからです。

活字離れした現代人へ、活字でしか表現出来ない世界を、右脳と左脳の両方から表現した世界で初めての試みだと思っています（別々の本はいくらでもあります）。


ロジカルな人はエッセイの方を読まれてから散文詩を読んで下さい。

エモーショナルな人は散文詩を読まれてからエッセイの方を読んで下さい。

両方を読まれると「右脳と左脳のダンス」が始まります。


この本は「生も死も存在の次元の違いでしかない」という私の体験から導かれた答えです。

体験するしかない世界の事を書いています。

だから「信じる必要がない」と私は判断しています。

体験する事が一番重要なのです。
体験する方法もできる限りシンプルに書いています。
体験すると人生観が一変します。運も良くなります。
生きていく事が楽しくなってきます。

実在も実存もする唯一のものが「生命である」と体験したからです。

本書は、右開きでも、左開きでも、どちらからでも読めるようにしてあります。
どちらが表でどちらが裏ということはありません。
好きな方からお読みください。
あなたもきっと、快い脳のダンスが始まるでしょう。

右脳と左脳のダンス

誰でもない私探し

prologue 人間万事塞翁馬

むかしむかし中国の山奥に、塞翁というじいさんがおったそうな。たいへん貧しい村は、どの家もわずかな畑を耕し、馬を飼って生活をしておった。馬は村の宝で、村人達の唯一の収入源となっておった。馬を沢山買うことが村人達の最大の関心事である。牧草も畑もわずかしかない、そんな山間の村の馬は、大切に育てあげられるから名馬として名を轟かせていた。

塞翁じいさん家にも一頭の子馬が生まれた。そこに村人達が、お祝いに集まった。

「おめでとうございます」

「いや、なんの、なんの」

とそっけない返事である。

「なんじゃのう、あのじいさん、わざわざこうやって馬の好物のにんじんと麦わらを持って来たのに、喜びもせぬ。まことに変人と聞いておるが、確かにそうじゃ！」

時が過ぎ夏になる頃、塞翁じいさんの孫が、その子馬の調教をすることになった。

その青年は、それはそれは大の世話好きである。馬と共に寝起きもする。何よりも野山を駆けめぐる名馬を育てると、村でも評判であった。

「あの偏屈じいさんに、あの孫かのう。うらやましいかぎりじゃ」

そんな名人である青年が、落馬してしまった。それはひどい怪我で寝込んでしまった。

村人達は、じいさんの所へお見舞いにやって来た。

「命に別状なかったから、良かったのう。馬に逃げられてしまったのは、残念じゃったが……」

「いや、なんの、なんの」

相変わらずの返事である。

「あの偏屈じいさんには、つくづくこまったもんだ」

そんな平和な村にも戦争がやってきた。じいさんの所の青年は、寝たきりゆえ、戦争へは行けなかった。村人達は、また、塞翁じいさんの所へ集まった。

「何が災難かわからぬのう。じいさんのところは、戦争へ駆り出されなくて良かったのう。わしらは毎日心配で、心配で夜も眠れぬ」

「いや、なんの、なんの」

あいかわらずの返事である。

「あの偏屈じいさんには、本当にこまったもんだ」

戦争が終わり、村に平和が戻ってきた。塞翁じいさんの青年もすっかり回復した。村がいつもの生活に戻りはじめた頃、成長したあの子馬が野生の馬を連れて帰って来た。

また、村人達が集まって来ても、あいも変わらず、

「なんの、なんの」

話は際限なく続いてゆく――。

さて、あなたは、この中国の民話を開いて何を感じましたか？

「人間の一生なんて何があるかわからない」

と考えさせられましたか？

それとも、

「村人達が一喜一憂しているのをみて、滑稽だ」

と思いましたか？

私は、そのどちらでもあって、どちらでもないのです。

「塞翁じいさんになりたい！」

が私の感想なのです。

これから始まる私のエッセイは、生がテーマになっています。よりよく生きる為のハウツウものではありません。よりよく生きてこられなかった私が捉えた世界です。

目次

chapter3 私は誰？

chapter4 タオ

chapter5 ワンダフルライフ

右脳と左脳のダンス

chapter1

変人

変人

私は、何度かお付き合いがある人に、

「僕は、時々おかしなことを言うから気にしないでくれ」

「少し変わり者だから」

と前もって言うことにしています。

自分ではごく普通だと思っているのですが、周りの人達は、みなおかしいと思っているのがわかるので、世間話をするときはできるかぎり目立たず、自分の意見を述べないで話を聞くようにしています。真剣に話し出すと、みなと違ったことを言うからです。

高校生のころ、生徒手帳を渡されて読んでみると校則が書いてある。髪型とか服装とか単位とか休みとか……。私は、きっちりルールは守る人間ですから、

「ははーん、こういうことをしなければ停学や留年、退学にはならないんだなぁ。よし守ろう」

とカレンダー付の手帳に学校を休んだ日を付けることにしました。

さぼった日は、美術館や映画、さらに神戸や京都で遊びほうけることにしました。生徒手帳には、年間三分の一以上休むと留年と書いてあったからです。仲のいい私の友人は、留年してしまいました。さぼることを覚え、手帳に付けていなかったのです。

学校ではできる限り目立たぬよう髪形も服装も靴も鞄も指定どおりにし、提出物もきっちり出します（休んだときは提出していない）。学校をさぼった翌日は、少し早く登校し宿題やレポートなどは、自分なりに書き直して写したことはわからないようにきっ

ちりします。学校では、絶対タバコも吸わないし、学校帰りに繁華街などウロウロはしません。もちろん、パチンコなどもしません。

この年頃は、好奇心旺盛で大人の仲間入りをしたいのです。私もその一人でした。休んだときは、当時の大学生がする普通のことはみな楽しみました。しかしこの頃の私の最大の関心は「生きることは何か、死とは何か」の答えを見つけることでした。前世の記憶や霊的な体験が多い私にとって、他人には言えないそれらは悩みでした（他人に話すと、おかしな人間に思われる）。

哲学、文学、芸術、宗教をむさぼるように読みあさりました。友人をつかまえては、それらについてよく話し合ったものです。何もわからないままの議論でしたが、好奇心を満たすには充分でした。とても真面目な高校生生活を送ったと思っています。わからないことは徹底して調べ、両極端な考えを受け入れることを学んだことは、その後の人生でとても役立っています。

ソクラテス

問題の解答を解くことは、学校で習いますが、何が問題であるかということは、見つけることができません。哲学の基本「無知の知を知れ」ということです。知識をどれだけ詰め込んでも、知恵には結びつかないのです。現代人の多くは知識が豊富なだけで、物事の本質を見抜くフィロソフィーが出来ないのです。

落ちこぼれの私の通信簿は、2・3・2・3、毎年留年会議に名を連ねていました。それでも、生命とは何か？　という好奇心がありましたから全く授業を受けていなくても、生物は5で通しました。だれも勉強しない倫理や社会など私の好奇心を満たすものは、やはり5でした。

「おい、長田、お前なんで理系のクラスに居るねん。しかも医学部進学希望？　何かの間違いだから、文系のクラスに替えなさい」

とても意地悪な良い先生でした。

「クソー、あの先公！」

そこからソクラテスの教えを守り、高校一年の教科書からやり直しです。ガイドブックを片手に奮闘し、4・5・4・5にたどり着きました。塾にも行っていない、演習問題もしていない私は、見事に浪人。本当は、遺伝子工学へ進みたかったのですが、当時はそういう学部はなく親が町医者を開業している流れで、なんとなく医学部へ入学しました。

父の死後、すぐに跡を継いだ優秀な兄に感謝しつつ、母にとても悪いという気持ちも抑えきれず、相変わらず落ちこぼれの私は、すべてを兄に任せ「ラッキー」と考え中退しました。

自由とは何か？　愛するとは何か？　に好奇心が向いていた私は、「お金儲けをしよう」と考えていたのです。お金で自由の一部は買えると判断したからです。

父は、医は仁術の人でした。働き者の父は、真夜中だって病人がいると、連絡があると往診に行き、働いて働いて、早死にしました。

「僕は、父のようにはならない」

「兄のようにもなれない」

「姉のようにもなれない」

落ちこぼれのコンプレックスの塊の私は、妻と出会いました。美人でとても魅力的な年上女性と恋に落ちたのです。

ビジネス

商いは、とても難しい。

「ウーム、先読みをしなかったら、後手、後手に回って勝ちはしない」

実業界は、三年先が見えない経営者はアホ、五年先を見据える経営者は天才と呼ばれる世界です。その天才ですら目の前の仕事をこなすのに精一杯で、ビジョンがありません。うまくいくと、大事業家、間違ったら倒産なのです（成功する確率がとても低いから、天才に見えるだけ）。

まさしく、アホと天才は、紙一重なのです。そこで、お金儲けの本を片っ端から読みあさりました。成功するビジネスモデルを探すためにです。成功者達の後を追って真似るのではなく、どういった経験が、どういった発想をしているかを調べる為にです。

本物の成功者は、みな好奇心の塊です。政治経済、法律、文化、歴史とありとあらゆることを学んでいます。単なる思いつきや、他人からのお金儲けの話には、決してのりません。自分のオリジナルの哲学をもっているのです。

しかも、学者馬鹿ではないから、細かいディテールよりも全体をとてもシンプルに捉えることができる人達なのです。

フレキシブルに世の中の流れを読み取れる彼らでさえ失敗の連続です。プロは失敗から経営のリスクヘッジを学び、五年先を見据えているのです。

chapter2 現実主義

歴史から何を学べるか

「１《い》１《い》９《く》２《に》つくろう鎌倉幕府」と覚えても、歴史はちっとも面白くありません。受験には役に立つかも知れませんが、それでは歴史がどう動いていくのかがわかりません。

時の政府が変われば、法律も経済も文化も、みな変わります。いかに国を治めるかを、その時代の支配者達は考えて政策にしていくわけです。それはそのまま、約束は守れるうちは守るが、都合が悪くなると改定していくということでもあるのです。

これは全世界同じです。資本主義も社会主義も関係ありません。

何々イズム等の思想は、学問的、哲学的にみな整合性があり、何が正しいか間違いかを説いてみたところで、最終的には好き嫌いだけの問題になります。

宗教は、汝の敵を愛せよ。悪いことはしなさんな、良いことをしなさいと教えていますが、宗教戦争を繰り返しています。

それは何故か？　もともとあった教えや、哲学を改正（改悪）しているからです。時の支配者達の洗脳教育の道具にしか過ぎないからです。

改正していなくとも、一部分を拡大解釈して、都合の良いところをピックアップして、「我々は正しい教えの元に団結をする」と、民族意識を駆り立てているのです。

年金問題

年金問題も同じです。

30年くらい前、やはり少子化が進めば、支払いができなくなることが問題になりました。日本人の寿命が延び、ピラミッド構造を想定した年金システムでは成り立ちません。

私は、年金手続きをすべく役所に行きました。

「必ずもらえますか？」

「もらえるはずです」

「出生率が二人を割ったら支払えませんよね」

「………」

「わかる人を呼んで、ちゃんと説明して下さい」

と問答していると、窓口の人はみんな逃げてしまいました。

奥から偉い人が出てきて、立派な部屋に通されました。

「心配しなくても、年金は安全に運用されますから、問題はありません」

「運用が失敗したらどうなるんですか」

「税金で補てんされますから」

「法案が決まっているのですか」

「………」

「財政赤字だったら補てん出来ませんよね」

「………」

「心配無用です」

「何を根拠に心配無用なのですか？　60歳からの支給を65歳にどんどん伸ばしていくだけじゃないですか？」

「本当に大丈夫ですから」

「もらえる金額を減らされるんじゃないですか」

「国が運用するのですよ。民間会社みたいに潰れることも約束を変えるようなことも絶対しません」

「それだけあなたが言うのであれば、ちゃんと加入してお支払いします。ただし、一筆あなたの署名を書いてください」

「………」

それから何年かは年金の手続きの手紙を送ってもらえませんでした。

その後、印鑑証明を取りに行くと、窓口の人間はみな逃げるのです（変人が来た）。小心者の私は、わけがわからないことに対しては大声になりますので、役所中に聞こえていたのでしょう。

結局は、30年過ぎると私の予想通りになりました。政治家や官僚の無責任ぶりは、いやな問題を先送りにするか、あるいは責任をとらない体質の中にあります。法律を変えれば済むことなのです。あとは、年金を支払うために大増税するという彼らの先送りの責任のつけが我々国民に回ってくるだけです。

そもそも、頭のいい官僚達には、わかっていたはずです。

この問題は年金を複雑化して訳がわからなくしてウヤムヤにする。おまけに、天下り先もできる。政治家達は無能だから、上手に動かす。といういつもの彼ら作戦どおりでした。

日本は社会民主主義から、完全に官僚制社会主義国家に成り下がってしまいました。

にわとり

たとえ消費税で補っても、分母である人口が減り、長生きされたらまた必ず同じ問題が発生します。逆ピラミッドになるからです。

卵を産まないにわとりは殺されてしまいます。エサ代だけ余分になるからです。同じ発想をする政治家たちは、医療に介護、福祉とどんどん予算をカットしていくでしょう。支配者たちから見れば、我々はにわとりと同じ、税金という卵を産まなければ……なのです。

赤字国債は、発行し続けられないという法律も死語となり、相変わらず発行し続けて、いまや国と地方を合わせると1000兆円もの負債を抱えているのです。国民一人あたり800万円になってしまいました。

これもおかしいのです。

分母が一億二千万人の人口になってしまいます。60歳以上と18歳以下の人口を引き、パートタイムやアルバイトで生活するのがやっとの人を差し引くと、一人頭3000万円くらいになってしまうでしょう。

もう国は、完全に崩壊しています。機能できないのです。立派な政治家も官僚の方もいますが機能できない状態なのです。だらだら恐慌の足音が聞こえます。

大増税とインフレが始まりあなたの年金も預貯金や債権なども目減りして、気がついたときには何分の一になってしまうでしょう。企業は国を捨て優秀な人間は海外へと向かい、やがて円安に向かっていくでしょう。日本は無気力な若者と老人の国になってしまいます。

50年前のイギリスと同じ道を歩むと私は考えています。歴史から学んだ分析なのです。

グローバリズム

小泉・竹中政策は、いまや批判の的になっています。しかし、彼らを選んだのは私達であることを忘れてはなりません。彼らの理論は正しいのです。規則を撤廃し自由競争のもとで、世界を相手に戦っていかなければならなかったのです。国際競争力をつけるには、旧システムは通用しないからです。誰の為の改革かという主語が間違いだったのです。国民の為の改革ではなく、企業の為の改革だったのです。

企業はグローバル化したら、税金の安い国や新興国へ再投資するので日本にお金は戻ってきません。マーケットが出来上がった国でビジネスをしても儲からないからです。円高になっても困るので国も目をつぶっているのです。日本に持ってきてもらっても運用すらできないのです。

小泉、竹中は、アメリカのB級雑誌では、ブッシュ政権でのポチ扱いでした。せっせと米国に媚を売り米国債というホネまで買うのですから……。

一方ライブドアのホリエモンは、新しい日本のリーダーとして取り上げられていました。アメリカンスタンダードが一番わかっている青年実業家として紹介されていました。乗っ取りほどおいしい金融ビジネスはないからです。

それでもドルはたまっていきます。日本の中小企業の努力はすさまじいものがあります。大企業だけが儲かり、格差社会が出来てしまいました。

グローバル化するということは、賃金も物価もすべて世界基準にもっていくことですから先進国はデフレになり、新興国はインフレへと向かっていくのです。物価も下がるから同じこととあなたは考えるかもしれませんが、その国の産業で今ぎりぎり食べている人には死ねという事でもあるのです。しかもデフレ化での借金は、雪だるま式に負債が増えていきます。預金と反対だからです。

工業化へ向かう新興国は過剰設備による生産性の増大を国内では消費できず、海外依存型になります。貯まった海外通貨は国内に持ってくるとインフレになるから、しかたなくアメリカの金融博打場へ流れていきます。サブプライムローンもその一つです。

グローバル化には、ワンネスワールドを作るという目的があります。すべて同じ価値観を持つ人間ばかりにするということなのです。それには、その国の伝統文化を破壊しなくてはできません。お金を神様に仕立てあげて、武力というムチを使うということです。

宗教や何々イズムという哲学思想は対立を生むから、それらを悪の枢軸に仕立てあげていきます。洗脳できないからです。何しろ神様はお金ですから自ら喜んで奴隷になっていくのです。

考える力を与えない反射教育、何せ答えしか教えないのです。同じ情報しか報道しないマスコミを作り、セックスと暴力、麻薬による人間の心の支配をすればいいのです。米国映画の世界です。

一方、貧しい人々を救うチャリティーもボランティアもそれを作った張本人達が先頭に立って、私は立派な人間であると宣伝しているのが現状です。世界を支配する人達のワンネスワールド、グローバル化の目的はそこにあります。法律なんていつでも作り変えればいいわけですから、目的の為には約束は守らないのがいつの時代でも支配者達の姿であります。

「人類の歴史は、洗脳と戦争の繰り返しである」と、私は学校の歴史の教科書を、そう読んでしまう変わり者なのです。

ワンネスワールド

いまや金融も貿易も流行も世界同一基準によって働いています。人類始まって以来のグローバル化が行われています。すべての国でコーラを飲み、ハンバーガーをかじり、ジーンズをはく、あるいはトヨタ車に乗り、ソニー商品を買い、ノキアを使う。別に私は、それらのことを悪いとは思いませんが、とても文化的にはつまらないと感じてしまいます。

日本は戦後、東京中心主義になり、どこの地方へ行っても、小さな東京があるだけで、旅行の楽しみが減ってしまいました。温泉に行っても、同じ料理に同じサービスに同じような部屋と風呂、しかも同じ値段。とてもつまらないから、私は街の安いシティホテルをねぐらとすることにしています。地方の良さを見つけるためにです。

街に出て個人経営の居酒屋やコーヒーショップで食事を楽しみます。グルメガイドにはない地方の名産を見つけたりするのがとても楽しいのです。少しでも自分たちの日常ではなかなかお目にかかれないものを発見する楽しさがそこにあります。

東京は東京でいいじゃないか、大阪は大阪でいいじゃないか！　と思うのですがいまやその文化の格差はほとんどありません。

それが世界中に起こっているのです。私はそのことをとても恐ろしく感じています。

何故なら多様化こそ文化なのです。様々な生活習慣、様々な食生活、様々な音楽、それらが、カルチャーを生んでいく源だからです。

ワンネスワールドは多様化を好みません。何故なら、洗脳ができないからです。様々な価値観をもった人間がいたら、様々な判断をするので支配者たちは困ってしまうからです。生物は、気候の違いに適応しながら、長い年月をかけ分化して多種多様になっていきます。そして、突然変異を起こし、新しい生物種が誕生していきます。それが、地球生態系の豊かさを創りました。

今のグロバーリズム、ワンネスワールドは世界をニューヨーク、ロンドン、パリ、上海、東京にしてしまおうとしています。同じ価値しか認めないという人間（ロボット化）を製造していることでもあります。これが、ワンネスワールドを目指す支配者達の作戦なのです。ダビストック研究所は、彼らの研究機関でもあります。

条件反射された私やあなたを造るために！

chapter3 私は誰？

あなたは誰

０歳の時の記憶、首がやっとすわって一人座りができるときの記憶が私にはあります。目がやっと焦点を合わせることができる頃の事です。

「また、生まれてしまった」という絶望感にも似た悔しさだったのです。とても強烈な驚きは、しばらく続きました。手には、ガランコロンを持ち、天井には、セルロイドの回転オルゴールがぶらさがっていたのを今でも覚えています。

「俺は、一体どこにいるのか?」

「この不自由な肉体は……?」

私の悩みは、0歳から始まったのです。

「何故生まれたのか?」

「私は誰なのか?」

成長とともに、やがてその意識も消えてゆき、今の私、日本人であり、~という名前の個人に辿り着きました。今の私と前世の私とは、同じ意識です。ここが重要です。意識は同じでも、今生での私は違う人間として育つのです。

人間の意識を心理学は、大きく3つに分けています。

表面意識……普段こうして考えたり判断している私
潜在意識……過去の記憶、学習したこと等、無意識にたたき込まれた習慣など
深層意識……生物としての本能、食欲、性欲等など身体を維持すること等
この3つの意識は、海に浮かぶ氷河に例えられています。

海に浮かぶ氷山で人の意識を例えています。
潜在、深層意識の方が、人の意識として大きいことをあらわしています。

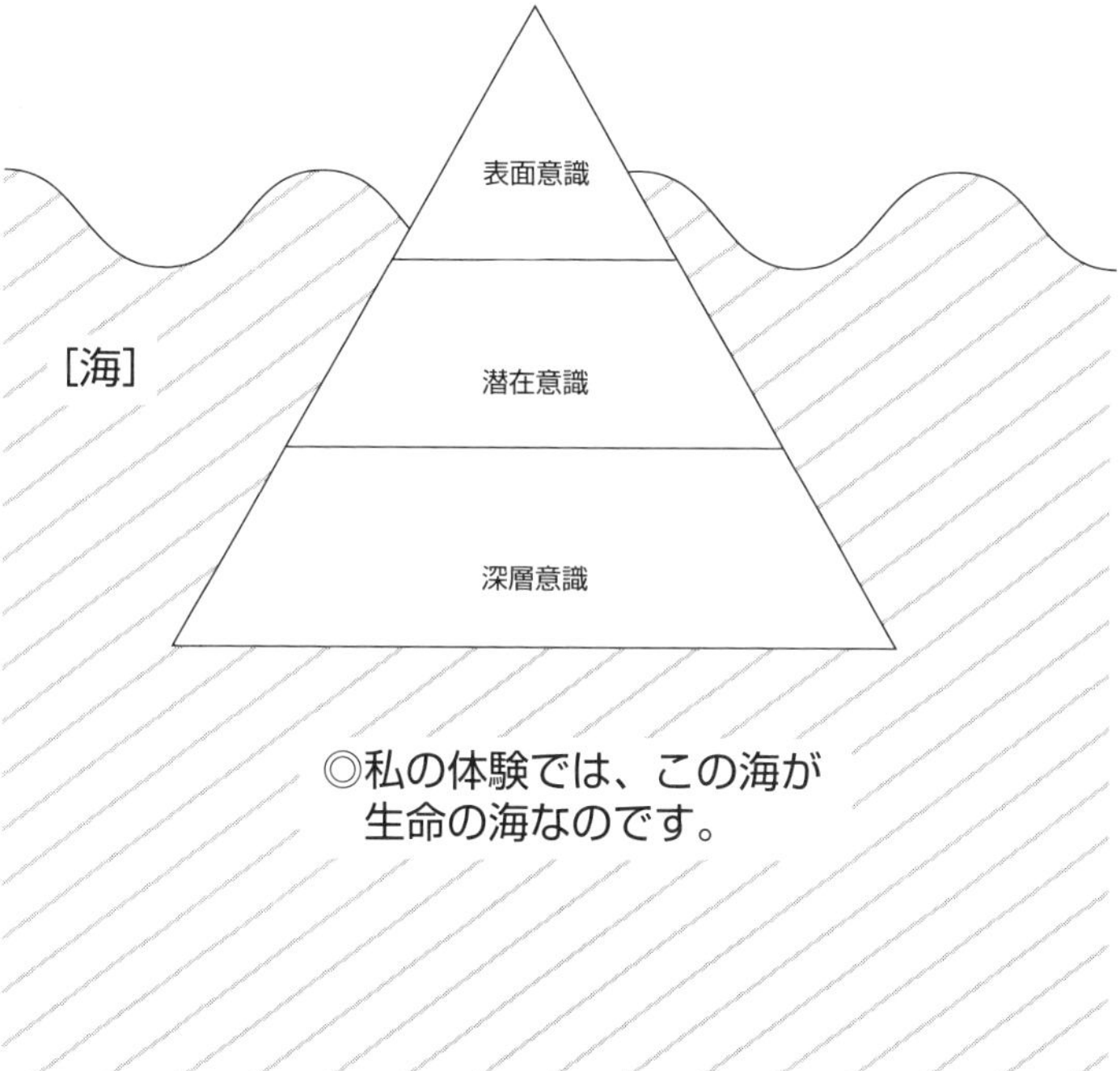

図①

私は、この図を心理学の教科書で見たとき、海の部分の方に着目してしまうのです。

近代心理学は、何故この海の方に気がついていないのだろうか？　例えに描かれたこの図の海こそ、本当の私ではないだろうか？

高校生のとき読みあさった心理学の本には、この海のことは書かれていませんでした。あくまでも例えの図なのです。私の体験、あの〇歳の時の、

「また、生まれてしまった！」

「ここは何処なのか？」

「私は、誰なのか？」

という孤独と不安感は、

「大海の海の水の一滴であった私が、小さな氷のかけらに固まったときに発生したのではないか？」

「氷の成長と共に新しい私が、生まれていくのではないだろうか？」

と変人の私は考えてしまうのです。

私は、時々、瞑想といわれるようなものではないのですが、何も考えないことに集中

する癖がありますへ妄想ではありません)。何も考えないことは、とても難しいのですが、慣れれば誰にもできます。

すべての雑念から解放され、やさしい、やさしい恋にも似た感覚が訪れてくるのが好きだからです。この感覚は、図①の海に触れたときに起こります。「私」とは表現しようがないので、誰でもない私と呼ぶことにします。えもいわれぬ至福の感覚なのです。すべてを脱ぎ去って、何もなくなった状態がとても心地良いのです。

私とは誰か?

オギャーと生まれた時を仮に0としましょう。人は、五感を通して、日本人なら日本人、中国人なら中国人として、言葉なり習慣・文化を吸収していきます。

学習には2つあります。

①情報を取捨選択して考えて学ぶ。

②無意識に直接入ってくる情報。

②の方はとても怖い。例えば、映像の中に、目では決して見えない感覚で、「コーラを飲みたい」という文字を入れておきます。コーラの売り上げが数倍にもなってしまうのです（今はこの手のコマーシャルは禁止されています）。物事の善し悪しで判断されずに、直接潜在意識に入ってしまうのです。

ダビストック研究所では、人をいかに洗脳するかを研究しています。政府の機密が漏れたとき、似たような情報をたくさん流し、すべては偽物に見せかけたり、誰が大統領になるかは、始めから決まっているのですが、いかにも民主主義であるがごとく接戦させ、演じさせるテクニック（こういうことを言うから変人と思われてしまう）。9・11テロもしかりです。イラクの毒ガス化学薬品も同じです。悪の枢軸をでっちあげ、イスラム教は恐い恐い悪魔だと見せかけていくのです。

例をあげたらきりがありませんが、支配するということは、国家権力のもとで人を洗脳していくことでもあるのです。国際紛争も同じように国と国とが敵対する事件をでっちあげ、それぞれの国の世論を操り、民族意識を煽って戦争へとけしかけるのです。どちらの国にも武器と資金を貸し、弱ったところで平和外交（国連の名のもとで）という名目で停戦させます。資源や貸付けた金を回収し、新しい政府をつくる（すべてをコントロールできる政府をつくる）、新植民地政策なのです。

国連は、そもそも第二次世界大戦に勝った国々が世界を自由に支配する為につくった機関であることをご存知でしょうか？　どれだけお金を出しても、貢献しても議決権がなければ、犬の遠吠えにしかすぎないのです。日本もドイツも国連にどれだけ尽くそうが、決して議決権は認められません。ヤクザの子分のようなものです。

ファッション業界でも同じ手法が取られます。来年の流行色は一部の人が決めるのです。すべての業界にその情報を流し、各業界ではそのカラーで服や小物を作る。ＴＶコマーシャルや雑誌に情報を流し、街中にその色が氾濫すると、人々は買い物をしてもそのカラーやデザインを自然に選ぶようになる。10人に1人がそのカラーを身につけると、他の人も、何か自分の着ているものが古臭くなり、似合いもしないのに、それを買ってしまう。流行はこうしてつくられるのです。

この手法は、ファッション業界だけではなく、情報産業はみな行っています。白いものが黒になってしまう怖さがここに隠れています。さて、あなたは、どこまで主体的にあなたであるでしょうか？

私は、どこから来たのか

意外に思われるかも知れませんが、何々という名前のあなたは、「潜在意識に蓄積されている刷り込まれた常識や習慣、無意識に入ってくる情報等を基に、条件反射化されて形成されたあなた」なのです。

つまり、オギャーと生まれたときの意識とは違った性格をもった意識と言えば、理解していただけるでしょうか？　オートプログラムされた知識や習慣が潜在意識にあって、それらがあなたの大部分を占めているといっても過言ではありません。あなたが自分の個性、自分らしさと思っている大部分が、実はあなたであってあなたではないのです。

哲学の捉えている世界は、純粋なる知の世界であることをあなたはご存知でしょうか？

私は誰で、

どこから来て、
どこへ行くのか？

生とは何か？

死とは何か？

さらに宇宙とは何か？

物質とは何か？

幸せとは何か？

を哲学は追い求めてきました。

すべてはここから始まるのです。普段、当たり前であることに疑問をもつことから始まるのです。近代科学の原点がここにあるのです。

「そんなこと学者に任せておけばいい」と考えているあなた！

「死の世界は怖くないですか？」

「生きる意味を見いだしていますか？」

と変人の私は質問したくなります。

宗教はみな答えをもっています。

私達は「どこから来て、どこへ行くのか？」

霊界から来て霊界へ帰る。

「私とは誰か？」

神の子、仏の子。

「生きるとは何か？」

原罪をはらすために生まれてきた。

「死んだらどうなるか？」

罪をはらして、徳を積めば天国へいけます。

どの宗教も同じことを教えています。歴史や文化が違うので違ったように見えても本質は同じです。私は変人ですから、

「私はどこから来たのですか？」

(霊界にいたのです)

「霊界はどこにあるのですか？」

（神の国にあります）

「神の国はどこにあるのですか？　あなたはそこに行ったことがあるのですか？」

（神の国の記憶は、生まれたときには忘れるようになっています。あなたも私もそこにいたのです。神の国は、私達には見えないところにあります）

「なぜ忘れなくてはならないのですか？」

（神の計画だからです）

「神の計画とはなんですか？」

（神の国をこの地上に創ることです）

永遠に問答は続いていくので、

「私は誰ですか？」

（あなたは、神の子なのです！）

「神の子なら生老病死もないはずです。じゃ、あなたも私も罪人なのですね。この世は、刑務所なのですね」

（そうです。この世で罪をはらせば、神の国へ帰れるのです）

「わかりました。私の犯した罪を教えて下さい、天国に居たことを思い出させてくださ い」

宗教はさらに、この答えをもっていますが、永遠の問答になってしまうから、ここで終わらせようと思います。あなたの信じる宗教に一度質問してみてはいかがですか。私は、宗教を否定する気持ちはありません。宗教は文化的にも哲学的にも素晴らしいものなのです。

残念なのは宗教家ではなく、宗教屋が多いので、本物とはなかなか出会えないのです。経典を丸暗記しているだけです。やはり体験のないことは、わからないのです。

「神の子であった私が、何故罪を犯した？」というところに私は疑問をもってしまいます。

私にとって神は完全なのです。完全な神が不完全な私を創ったなら、完全に戻すのが道理というものです。罪も許すのが道理というものです。でも、そこに私は魅力を感じます。親しみさえ湧いてきます。ムフフフフー、神の国へ帰れたら（私は白雪姫の意地悪ばあさんになって原罪というリンゴをみんなに食べさせよう。一番偉い神様には、悟られないようにリンゴをすり潰してコッソリと食べさせてやろう）と考えるのです。

天国は花が咲き乱れ、神殿が建ち、美しい音楽が奏でられている国であるのなら毎日そこで何をして暮らすのでしょうか？　酒もうまいし、姉ちゃんも綺麗ならムフフフーと思うのですが、それが罪であるなら私は行きたくない！

また、罪を犯したくなるじゃありませんか？　神殿でつまんない授業を永遠に受けなければ（悪いことしなさんな、良いことをしなさい）という経典をずっと……？　私は、天国へ行きたくない！　こんな不謹慎なことを考えている私は、変人なのでしょうか？

どの宗教にも、「悪いことはしなさんな、良いことをしなさい」という顕教の部分と、「秘密の教え」密教（霊的に体験するためのプログラム）があります。経典のほとんどは、教祖が死んだあとに作られたものです。生きていく悩み苦しみ、老いていく、病気になる、さらに死ぬという恐怖を克服せねば「安心立命」という境地にはなれません。教えだけでは、安心立命はできないのです！　予言や終末論で脅したって、人の心を縛るだけで、逆に安心立命できないのです。

密教的な霊的秘儀も、とても危険です。霊力や超能力が身についてしまうからです。

その力によって奇跡を見せても、私は、崇めようとは思いません。「だって悪魔だって同じ事が、出来るじゃありませんか！」と、ある宗教団体の方に話をしたら、とても嫌われてしまいました。

貴方が、今ここにいる事が一番の奇跡なのです！

それ以上の奇跡が、どこにあるのでしょうか？

密教的部分は、霊力、超能力をつける為にあるのではないのです。そういった五感をこえた世界があるということを体験させる為にあるのです。そういう意味では、危険だから隠してしまったのです。だから秘密の教えでいいのです。本当はたいした秘密ではないのですが、とても危険だからややこしくして、隠しているのです。それをそのまま行ってもたいした結果がでないようになっています。そのことを見つけられる者を探す為にね。ちょっと、シャレテいるでしょう⁉

私は、〇歳から私は誰であるか、何処から来て何処へ行くのかをずっと疑問に思って生きてきました。何故なら、あの強烈なショク「また、生まれてしまった！」があったからです。前世の前世、その前の前世の記憶も一部もっています。でも記憶は記憶にしか過ぎません。今、生きている事が一番大切なのです。前世がわかってしまっても、つまらないのです。

また同じ過ちをしてしまうか、あの時あの失敗が私を駄目にした、だからうまくやってやろうと考えるからです。同じように未来がわかってもしかたがないのです。未来はまだ来ていないから未来なのです。未来がいくつもあることも私は、体験しています。未来も過去もわからないからワクワクしていけるのです。

今という瞬間に生きていることが、最大の喜びであることを私は伝えたくて、あなたに私自身に、問いかけているのです。そのことを体験して欲しくて書いているのです。

私は、悟りたくありません！　悟るってことは、神仏との差を取る（悟る）ことを意味しています。神仏になってしまうことなのです。本当は無にかえることだからです。私にとって無は、死より恐い問題なのです。ちょっと世の中の事をわかったり、他人の知らない事を知っていたりするだけでもう説教ばかりするのです（私の方が偉いってね）。

だから私は、悟りたくないのです。まして神仏になりたいとも思いません。自分より偉い存在が、いなくなったらとても孤独です。何しろ何でも思いのままです。ステーキが食べたいと思ったらステーキが現れ、綺麗な女性とデートしたいと思った瞬間、そこはもうハーレムなのです（ちょっと試してみたいけど）。今日の野球の試合も決まっている（もう見る必要もない）。

何しろ神ですから死ぬこともない。「そのことがとてもつまらないから、神はサイコロを振った」と私は、思っています。そこにはメイクドラマが生まれます。神ほどつまらない仕事がないことに神自身が、気がつかれた。だから神はとても偉いのです！　神は、完全であることのつまらなさを悟ったのです。

私の愛する神は、ここにいます。サイコロを振るという原罪を犯したのです。神は、今わくわくして見ています。今、野球でいえば７回の表です。３対２で人類滅亡チームが勝っています。新文明チームのエースは不調です……。さて……!?

私はメイクドラマを信じています。

chapter4 タオ

タオ

この本は、あくまでも私の独断と偏見で書いています。社会へのアンチテーゼではありません。批判することは、とても簡単なことです。理想を語ることも同じです。つれづれなるままに、私の死生観をのべているだけです。

老子の本を読んだ時、時代を超えて脈々と流れるタオイズムに、例の塞翁じいさんと同じくらい魅力を感じました。物事を捉える視点がまったく違うのです。誰でもない私が視点になっているように思われました。タオとは道のことですが、私には生命のことなのです。道を求めるとは生命をつかむ事を体験することじゃないか⁉

タオを感じる方法を教えます。

誰でもない私、生命という大海に触れる方法です。

何も考えない時間を楽しむ事を、私は趣味にしています。お金もいらないし、場所も時も選びません。こんなことをいうと変人に思われてしまうのであまり他人には話したことがありません。その体験はあなたを変えてしまいます。私以上に、はまってしまうかもしれません。

方法はとてもシンプルですが、なかなか慣れるまで大変な作業です。

子供の頃に帰る作業と考えて下さい。幼い時、草むらに寝転がって大空に浮かぶ雲を眺めたり、なかなか寝付かれず天井の節穴を見つめていた時の事を思い出して下さい。

それと同じ状態になる作業です。

まずはボケーとする時間を設けるということです。

いつでも誰でも出来るって⁉　「いつでもボケーとしているよ」というあなた！

子供の時は、明日のことを考えていないからできるのです。

何も考えない作業が、どれだけむずかしいかを一度体験してみてください。ソファーやベットの上に寝転んでテレビも消して、はじめはできる限り静かな落ちつける場所が一番いいと思います。慣れれば、いつでもどこでもできるようになります。

思考を停止する作業なのです。

ある程度リラックスしてきたら何も考えない状態を作る為に、逆に集中する事にも専念していきます。周りの雑音を聞き流し、風の流れを感じたり、目は開けたり閉じたりしながら、見ているようでみていない状態にもっていきます。これだけでも、心身壮快になっていきます。

考える状態を中断する為に、逆に五感に意識を向けてしまうのです。でも決して考えてはいけません！　あれこれと雑念が湧いてきますが、気にせず流してください。いつも自分が主体的に考えていると思っていますが、ほとんどが雑念であった事に驚かされます。考えているのは自分ではなく、雑念に考えさせられている自分に驚いてしまいます。

このとき、二人の自分がそこにいます。考えないようにしようとしている私と雑念の私がいます。

考えない事に集中する為にもう一度五感の方に意識を向けてください。雑音や風の流れに意識を向けて雑念が湧いている状態を観察してください。雑念は湧くに任せて、決して囚われないで下さい。

やがて雑念が湧かない状態がおとずれてきます。数ヶ月はかかりますから出来ないからといってあせらないで下さい。

空の気を取り込む作業

空の気とは空気の事ではありません。何も考えない空になる為の気を取り入れる作業です。

腹式呼吸に変えてください。鼻から吸った空の気を腹に溜め、ゆっくりと鼻から出してください。意識を腹に集中しながら、何度も何度も行ってください。腹式呼吸が自然にできるようになるまで行ってください。これも数ヶ月かかります。

気力が充実し、身体がとても健康になってくるのが日に日にわかります。思考を停止する作業も空の気を取り込む作業も毎日毎日いつでもどこでも行ってください。はじめは5分でOKです。

一日何度も繰り返す事が重要なのです。習うより慣れることです。結果を求めて修行してはいけません。修練でいいのです。

ある日、突然ほんの一瞬、何も考えていない状態がおとずれてきます。雑念が全く湧かない状態です。ここからは、上達がとても早くなります。

30分以上そのことに集中することに専念して下さい。何か恋をしているような状態なのに気がついてきます。甘酸っぱい幸せが、あなたを包んでいます。対象のない恋に、はじめ、めんくらってしまいました。魂のエクスタシーなのです！

悲しくもないのに涙が出てきたり、全身に、ざわざわと何か別のエネルギーが流れるのを感じたりします。暫く、その感覚に身をゆだねましょう。

不思議なことが、数多く起きて来ますが、気に留めないでください。目をとじていても外が見えたり、突然別の意識が語りかけてきたり、過去生を思い出したり。もうきりがないほどいろんな現象を体験します。

それら不思議な現象は、気づきとして現れるのであって、そこにつかまってしまわないように気をつけてください。誰でもない私に帰る通過点にしか過ぎないのです。それら超常現象にとらわれてはなりません。

全体に広がっていく恋に似た感覚は、そのまま生命そのものに繋がっているのです。何故恋に似ているかというと、愛という感情は、時に憎しみや奢り怒りというものをもっているからです。対象のない恋は、見返りを求めない母の愛とも似ているのです。誰でもない私は、同時に一人ぼっちじゃないという感覚に変わっていきます。

みんな生きているんだ、花も木も山も海も石も鳥もこの地球自身も、すべては生きているんだという驚きに包まれます。

どうですか、誰でもない私に、本当の私に戻ってみませんか！

「そんなのうそだよ」と、そう思っているあなたの方がこの体験をするとはまってしまうのです。もう死んでも生きていてもどちらでもいいやって感覚です。セックスやドラッグで飛んでしまうのとは訳が違うのです。生命という海に溶け込んでしまうのです。

自我というカラを破ると本当の私に出会いました。本当の私は、誰でもない私でした。私とは、貴方でもあり、生命である。みんな繋がっているという気づきが、ここにあります。

生命の海で直感でとらえたイメージ図です。

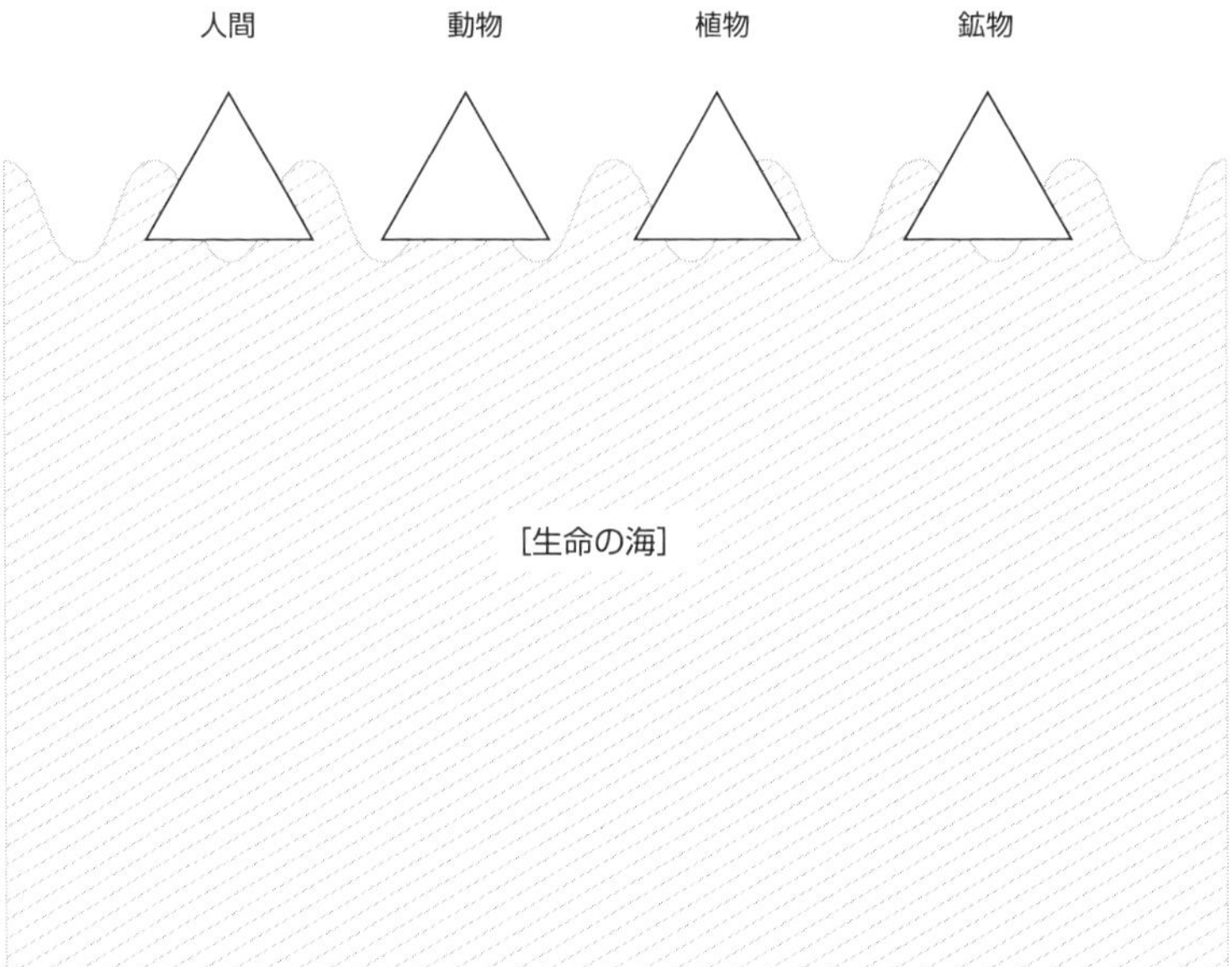

日常生活で大切なこと

朝起きたらまず、窓を全開します。とてもすがすがしい空気が室内に入ってきます。私は、タバコを吸うくせに空気が汚いと、とてもイライラします。冬でも必ず15分くらい全開します。エアコンをつけていても必ず窓をすこし開けています。空気が流れている事を肌で確かめながら、空の気を感じとっているからです。

疲れた時、(私のことを知る人は、パワフルな人と思っているが、とてもデリケートで神経を使う人間なのです)この空の気をフウーと感じとることにしています。やさしい、やさしい空の気のささやきが聞こえてきます。

私は、ロマンチストでなく現実主義の方です。でも五感で感じる事のできないものも大切にしています。愛もその一つだと思っています。

潜在意識は、あれしなさい、これしなさい、とてもうるさいからシャトアウトする癖を身につけたのです。潜在意識はとても嘘つきです(自己弁護の言い訳ばかり考えさせられる)。これはめんどくさいから明日からはじめればいいとか、考えなくてはならないことさえ、堂々巡りにさせて諦めさせる高等テクニックさえもっています。

そんな時、私は散歩に出かけます。空の気を感じるために、街の何処でも、公園でも、とにかく空気が流れている所へ行きます。自分と思っている意識は、本当は「自分であって自分でない」ということに気がつく為の、作業なのです。

朝の出勤の時を考えてみましょう。あなたは、会社へ行こうと考えたら、どういうルートでいくか考える必要はないでしょう。自動的に同じ時間、同じ電車に乗り会社へ行きます。オートマチックナビゲーションシステムのプログラムが、作動しているからです。

昼になると、あまりお腹が空いてなくても食事をすることがありませんか？　本当は、そんな時食べないほうが健康によいのですが、残さず食べてしまったり、やせたいと思っているのにトンカツやケーキなどをつい食べてしまいませんか？

日常生活の習慣は、オートマチックプログラムが働いています。「考えて判断していない、あるいは出来ない、する必要さえもない」とあなたは何の疑問も懐かないのです。はたしてそれで、いいのでしょうか？

ダイエットしようとすればするほど、禁酒しようとすればするほど習慣というオートマチックプログラムは抵抗してきます。ここで言い訳さえしてきます。

「明日からすればいいいさ」

ひょっとしたら朝起きて会社や学校へ行こうという意識すらプログラミングされた意識かもしれません。

オギャーと生まれたそのときから、日本人なら日本人、中国人なら中国人として、この条件反射というオートマチックプログラムの習慣を叩き込まれて人は成長していきます。別に、そのことが悪いといっているのではありません。とても便利なのです。あまりにも便利すぎて当たり前のことを当たり前だと片付けてしまうところに恐さがあります。

パブロフの犬の条件反射です。エサをやるとき、ベルを鳴らす事を繰り返すと、犬はベルが鳴るだけで、シッポを振ってよだれを流すようになります。私たちの日常生活は、ほとんど条件反射で過ごしています。良い生活習慣であれば問題ありません。大切な事を判断しなければならない時でさえ、この経験則というオートマチックナビゲーションが働いてしまうのです。

オウム真理教事件を覚えているでしょうか？　地下鉄にサリンを撒いて大量殺人を実行しました。教祖が書いた予言を実行するためにです。

予言なら実行する必要はないので、予定なのです。その違いすらわからず予言だと信じていたのです。逮捕されても教祖は正しいと、信者は思っているのです。

刷り込まれた情報は、オートマチックプログラムの条件反射と同じ働きをします。反対の意見なり行動は潜在意識が言い訳を始めます。

「平和の為の聖戦である。多少の犠牲はしかたがない」

私はこの事件を「オウムだけの問題ではない。私達の世界の縮図である」と直感しました。

さて、あなたは、どこまであなたでしょうか？　空の気を少し感じて素のあなたにもどってみませんか。

chapter5 ワンダフルライフ

ワンダフルライフ

あなたは、生きる為に食べますか、それとも食べるために生きますか？

私は、食べるために生きる方です。食をエネルギーとして考えているのか、楽しみとしてとらえる違いだけではありません。いつ、どこで、誰と何を食べるかという条件すら大切にします。私は、なるべくファーストフードやカウンターでの丼めしや定食を出す店に入らないようにしています。昼食は早い安いうまいが一番ですが晩飯まで、コンビニやファーストフードで済ませてしまうのには、とても抵抗があります。リセットできないからです！

同じ人が同じ時間に同じ物を同じ店で食べているのを何度も見かけます。飲食店を経営しているせいか、すぐ目についてしまいます。コンビニでも同じ時間に同じ人がいます。共通するところがあります。目が死んでいるのと顔に表情があまりありません。パブロフの犬にみえてしまいます。

一人で食べるのも好きではありません。家に帰って創作料理を作ります。冷蔵庫にある材料で工夫して作るから創作料理なのです。妻はぶつぶついいます（太ってしまうからやめてー！）。

家に帰るときもできる限り同じ道を通らないようしています。街を歩いている人の服装や、季節の移り変わり、アレーこんなところにこんな店が出来ているという発見が楽しいからです。

このことが大事なのです！

プログラムされていない時間との出会いなのです。人は旅に出ると解放されるのはそこにあるのです。毎日忙しく仕事に追われてもちょっとした工夫で条件反射化された私を解放することができます。まさにワンダフルライフなのです。

ワンダフルライフという言葉の意味を知っていますか?

素晴らしい生活と訳してるあなた、英語の意味を知りませんね。ワンダーとは、不思議という意味です。フルとは、いっぱいという意味です。ライフは、生命です。不思議なことをいっぱいもって、生き生きと人生を楽しむということです。

人は、好奇心をなくしたとき日常の中に埋没していきます。80歳の青年もいれば、20歳の老人もいます。心は年を、取りません!

ワンダフルライフを過ごすには条件反射化されたあなたを解放する必要があります。

何が問題であるか

日本の学校は、いまだに知識ばかり教えています。

インターネットがあり図書館もあり、本屋には専門書コーナーさえあります。今ほど自由に知りたいことを学べる時代はありません。なのに、質問のない授業ばかりやっています。ディスカッションがないのです。学ぶことにテーマさえ与えられていません。

私は中学校の物理の媒質、媒体の授業で「先生、何故、真空の宇宙に光や電波が伝わるの？」と質問しました。作用反作用も同じです。「先生、どうして真空の宇宙でロケットは飛ぶの？」質問しても答えは、返ってきませんでした。

わからなくともつぎの授業で教えて欲しかったのに、答えはありません。

歴史なんてもっとひどいものです。プリントばかり配り受験に出そうなところをピックアップしてあるだけです。ここを覚えとけの授業なのです。その頃から勉強が嫌いになっていきました。

小学生の頃はこんな私でも優等生でした。落ちこぼれになったおかげで、落ちこぼれの生徒の気持ちが良くわかります。大学生の時、家庭教師のバイトをしました。中学２年生の彼は進学塾に行っているにもかかわらず、２・３・２・３の成績です。どこまで出来が悪いかテストしました。

生徒の親と相談して私学へ行きたいのか公立へ行きたいのかを確かめました。すると公立の進学校を希望とのことでした。本人も同じです。すぐに塾をやめさせ、すべての参考書、ドリルを捨てさせました。教科書だけやっていれば公立は合格できるのです（私学は特殊な問題がでます）。中学一年の本からやり直しです。

毎回彼にテーマを与え、あるいは彼が興味をもっていそうなところから教えます。

「この公式美しいだろう。公式は覚えちゃいけないよ！　公式を導き出す仮定が面白いのだから」

彼はどんどん自分でやるようになりました。教科書の演習問題も自分でやってしまいます。

「ここがわからない、先生！」

これが大事なのです。彼は、県の統一テストで数学は二番になりました。見事、公立の進学校に合格しました。

娘の中学受験のときは逆のことをしました。

私学を目指していたから塾に行かせました。私は仕事が忙しいので勉強をみてやることが出来ませんでした。それでも小学6年の夏から家庭教師をするはめになりました。平均的なレベルでありますが、私学に合格できる実力はありません。

テクニックが必要です。過去5年間の受験問題集を買ってきて、分析します。

「ははーん、この学校は、このレベル問題を出題している」

毎年同じようなところの出題傾向を押さえ、片端から解かせていきます。高度な問題は、後回しにして確実に点を稼げる問題から正確に解答を書く練習です。冬休みになってから高度問題に取り組みます。

塾でのテストでは、今のところ合格ぎりぎりです。受験まで後20日、苦手な箇所と確実に出題されると予想されるところにさらに絞り込みます。

見事トップ合格です！　特待生！　授業料免除を奨められましたが、断りました。テクニックでトップだったからです。

娘には、大変悪いパターンの勉強を教えてしまいました。本当は、学ぶことの楽しさを教えてあげたかったのですが。それでも大学受験は、自分の力でそれなりにやり、現役で、神戸の難関女子大に入学しました。どちらがいいとはいえません。どちらも正しいのです。試験に合格しなかったら受験に失敗したということですから。自分でチャレンジする楽しさ！　何が問題であるかを見つける楽しさ！　それは、自ら考える楽しさの中に隠されています。

オートマチックナビゲーションシステムの中では、その楽しさを見いだすことは出来ません。条件反射化された生活をあなたは過ごしていませんか？

ちょっと空の気を感じて、誰でもない私に帰ると、ワンダフルライフが、訪れてきます。

■父、母

母の自慢話をします。

誰に対してもエコひいきのない、とても私には真似のできない母です。他人様に頂いた物は、倍返しする人なのです。私にとって母は、友であり先輩であります。今思えば3～40代の頃、時々実家へ一人で帰り（今は、孫がかわいいのであまり帰りません）、よく母と議論をしていました。政治、経済、宗教、文化にいたって多種多様です。深夜2時頃になるのはざらでした。

戦後の廃墟から日本を立ち上げてきた世代は、学歴こそありませんが、生きていく洞察力は、卓越したものがあります。つまらない学者や評論家より物事の良し悪しを的確に判断します。落ちこぼれのどうしようもない私を救ってくれたのも母でした。

末っ子の私の大学入学を待たずに父は、他界しました。生きていたら母と同じように良き人生の先輩であり友であったと思います。何故なら前世、私と父は友人だったからです。

前世の父はとても勉強ができて私達のリーダーでした。父には、オレは医者になるという目標がありました。私は飛行機に興味があったのでエンジニアになるんだと中学校の田舎道を歩きながら話したものです。わたしは航空隊に入り、飛行機の整備中に爆死しました。そのときの様子は、今でも思い出すことができます。

そんな父を慕って、子として生まれてきました。母と姉の前世もわかっていますが私との接点はありません。兄とは、前世のさらに前世の前、今から４００年前に共に戦った仲間の一人であったことをうっすらと覚えています。

でも前世は前世なのです。今は今なのです。「今ここに生きていることに感謝できる」まで、前世を知らないでいたほうがいいということだけは、お伝えしたいと思います。

父が亡くなる2時間前、私は自分のベットで、うとうとしていました。このとき初めて幽体離脱を体験しました。幽体である父と私は一緒に庭を歩いていました。二人共無言で、歩き回ります。親子ですから何を考えているのかわかります。人生の半ばで世を去る寂しさです。

私は肉体に戻った時泣いて泣いて、泣きくずれました。町医者としてとても慕われていた父は働いて働いて、やっと地盤ができ、さあこれからというときの死だったからです。

父は、最高の財産を残しました。それは死んで肉体を去っても霊魂があるということを教えていったことです。私と同じような体験を家族全員にさせたのです。

「死とは何だろう？　生きるとは何だろう？」強烈なショックです。「また、生まれてしまった」という0歳の時の記憶が甦りました。

そのことは、同時に生きていくことの苦しみをも意味します。愛する者との別れ、どれだけ名誉、地位、財産があろうと死は逃れられない現実です。ましてそれらをあの世に、持っていけるものでもありません。

すべては死に繋がっているのです。死を考えない限り、生は見えてこないのです。こんな当たり前のことを父は、気づかせてくれたのです。息を引き取った瞬間、幽体の父は私の肩をポンとたたいて無言で去っていきました。

「しっかりしろよ！　後をよろしくな！」

それから二度と父に会っていません。

80歳を過ぎた母に、

「母さんが死んだらあの世の様子を知らせてくれ」

「わかった。連絡するわ」

という親子なのです。

何故ならあの世での記憶を私はもっていないからです。前世と未来は少し体験していますが、あの世の記憶が一切ないのが不思議なのです。誰か、あの世の生活を憶えている方、私に連絡ください！

もしそこが宗教の教える天国であれば、わたしは行きたくありません。魂磨きの為、毎日神様を気にしていなければならないからです。でも酒もうまくてギャンブルもＯＫで美人がいたら暫く滞在するつもりです（笑）。

何故暫くか？　というのは飽きるまでが限界だからです。好奇心が満たされると、またそこで考えてしまうのです。

「これは、ひょっとしたら夢をみているのじゃないか？」

夢

あなたは現実と夢の区別がつかない程、リアルな夢を見たことがありますか？　あるいは夢だとわかっていて夢を見ていることはないですか？

「私達は仮想現実にいるのです！」

と言ったら、あなたは、そんな馬鹿な！　とおっしゃるかもしれません。物理学は、

「物質とは何か、空間とは何か」を追究してきました。統一場の理論が実証されようとしています。ビックバンからビッククランチまで証明されてしまうのです。

アインシュタインもシュレジンガーも、「この世界はエネルギーだ、波動だ」と証明しているのです（二人ともノーベル物理学賞）。脳科学だって感覚器官で外界を捉え、その情報を脳が処理して「ホログラフィックに再構築している」ことを証明しています。

え〜？　わかりにくいって？

貴方は骨が見えますか？　見えませんよね。X線なら見えてしまいます。あなたの目は、可視光線という狭い範囲しか捉えることができません。科学は、この範囲がとても広いから見ることができます。今や素粒子の世界までたどりつきました。

小学生のとき、初めて顕微鏡を覗いたときのことを思い出してください。あの新鮮な驚き！　想像してみてください。あなたが電子顕微鏡のような目をもっていると仮定して想像してください。あら不思議、この世界は、波、エネルギーでしかないことが見えてしまうのです。しかも空間は多次元であると、科学は発見したのです。

私たちは時空（3次元＋時間）の世界しか、捉えることしかできません。地面を歩いているあなたは、ビルや人、車など身の回りしか見えていません（2次元的）。

飛行機に乗ると街や海、山、川と高さが入ると全体が見渡せます（3次元）。それに動きが入ると（時間が入ると）時空といわれる私たちの世界です。

逆に考えて下さい。3次元の影、つまり立体の影は？　2次元です。平面になります。4次元の影（時間の影？）は？　立体、つまり3次元なのです。

同じように多次元世界を認識できる感覚器官があったら、宇宙は平べったいブレイン膜といわれる膜（立体の影が平面であるように）に、はり付いているように見えるのです（リサランドール、ワープする宇宙）。とても興味がそそられます。過去にも未来にもジャンプできる可能性だって、残されています（ホーキングの歴史保存説で今のところ否定されている）。

話は元に戻りますが、脳は感覚器官でとらえられた信号をホログラフィックに組み立て直して、まるであるように見せかけています。

テレビや映画と同じです。夢も同じです。夢は脳の中の記憶をホログラフィック化して見せているのです（あなたの意識とは関係なく）。

酒を飲みすぎて熟睡していた私は、夢を見ていました。家でくつろいでテレビを見ています。妻は友人とおしゃべりをしています。家の様子が少し違うのです。一部改装してあるのです。「あれ〜?」と思いながらもうとうとしています。トイレへ行こうと立ち上がりました。トイレがわからないのです。え〜? ここ私の家じゃない! とても似ているが……。

あせって、目をパチパチしていると、現実の家の中でした。ホッとしてトイレへ駆け込みました。夢と現実の区別がつかなかったのでした(酒で脳の一部が麻痺していたのでしょう)。

はたして、あなたは今、夢の中にいないと断言できますか? ひょっとしたら長い長い人生ドラマという夢の中にいるかもしれません。映画マトリックスの世界です。

その映画は、コンピューターが描く仮想現実の世界と現実の世界との戦いの物語です。仮想現実の住人は脳とコンピューターが繋がっています。そこの住民はそのことを知りません。コンピューターが描く仮想現実の世界は、現実そのものなのです。食事の味も匂いも、街の風景も何もかも脳の中でフォログラフ化されるから現実そのものなのです。

脳に電極が差し込まれているのですが、現実とまったく変わらずに体験しているということは、本人にとっては、もう仮想とはいえないのです。

私たちは、肉体にある五感というセンサーで、外界の情報を脳に集めます。脳はそれをホログラフ化して現実を創っています。ここに着目してください！（現実を創っている!?）

肉体からの情報か、コンピューターからの情報かの違いだけなのです。脳で現実を創っていることに違いはないのです。仮想であるとは、もう言えないのです。

私は、この映画を見て衝撃をうけました（3回も見ました）。物語そのものよりも「いったい現実とは、何か?」に衝撃を受けたのです。

脳科学が、いつかこの映画の世界を実現するかもしれません。私なんかもうはまっちゃいます。コンピューターのデータにスーパーマンがあれば、私はスーパーマンになれるのですから……。そのうち現実はつまらないからコンピューターの中で暮らしてしまうかもしれません。

私が捉えた「誰でもない私」の世界は、何が現実で、何が夢であるという感覚器官の延長の世界ではありません。五感でとらえた世界と、まったく違うからです。

目を閉じていても開けていても、誰でもない私になれるのです。街を歩いていた時、いつものように、やさしいやさしい恋に似た感情に包まれてきました。はは～ん！　と気がつき、その状態を観察する為、歩くのを止めました。すると突然、地球の自転する音が聞こえてきました。実際の音ではありません。でも音なのです。発電所のモーターをもっとゆっくり力強くしたような感じです。

ブーンとかキーンとかの音色はありません。耳をすましていると、やがて大海を泳ぐクジラのイメージに変わりました。苦しそうな声をあげています。潮を吹いて大海をザブーン、ザブーンと回転しながら、泳いでいます。産みの苦しみなのです。生命を生んでいるのです。

私はとても悲しくなりました。母なる地球は生命を生みつづけているのに、人間は何をしているのだろうか！

すべて意識で入ってくるのです。

誰でもない私になっても私という意識は、はっきりしています。意識が広がっているから、個人的な私という意識はとても小さくなっているだけです（仕事の事や明日のことなど、みんなふっとんでいるから何も考えていません）。

生命そのもの、存在そのものと直接触れ合っているとしか表現できません。まるで海の中に溶け込んでいるような感じです。生命の海です。

こんな状態にいつでもなれればいいのですが……。マニアになっている私でさえ、年に数えるほどです。その状態になれなくとも、身も心もリフレッシュします。

ただし少し弊害があります。夜全然眠れないのです。疲れないからです。おかげでビデオレンタルの常連になってしまいました。

運が良くなる

私はある実験をしました。

パソコンにマージャンゲームをインストールしてあります。誰でもない私にふっとんでしまって、眠れない私は、ゲームを立ち上げて遊ぶことにしました。いつも上級者シリーズをやっているので、一勝三敗で負け越しています。ところが確実に勝つのです。しかも引きが強い、半ちゃんで役満2回もあがってしまうことさえあります。イメージどおりに牌が揃っていくのです。裏どらものってしまいます。

ついているというしか言いようがありません。

はは～ん？　と変人な私はそこで考えるのです。「運が良くなる！」のじゃないかなと……。

誰でもない私になっていなくとも、その状態に近い時（心身の疲れはなくなっている）、やはり確実に勝つのです。打ち方は変わっていません。何故ならゲームだからいつも手作りを楽しんでいるからです。なのにどんどん良い牌が入ってくる。いわばツイテいるのです。

「何故、ツキを呼ぶか？」

これは仮想ですが、欲がなくなった時、イメージどうりに事が進む（ツキを呼び込む。）のではないか？

「無作為の作為」、「思わず思え」です。

勝とうという意識は、この時（誰でもない私に近い状態）にはないのです。普段はいつも思っていますが、この状態のときは、ただ目のまえのゲームを楽しんでいるだけです。ツキの神様がついてしまうのです。

逆に勝とうという意識が強いときや、儲けようという意識が強いときに失敗してしまった経験がありませんか？　「無作為の作為」や「思わず思え」は、ツキを呼ぶのです！　誰でもない私のとき、そういう状態になっている、しかもそのツキは半端じゃない！　この次、この状態になったとき宝くじを買ってみようと考えています。

一度では駄目です。10回中3回くらい、１００万円以上当たったらやはりツキの神様がついたということです。しかも買う時は「無作為の作為」でなくてはなりません。同じ宝くじ売り場では駄目なのです。宝くじを買いに行こうと思った瞬間、欲いっぱいの普通の私に戻ってしまうからです。町をあるいていて、誰でもない私、何も考えていない状態の時ふっと買ってしまわなくては、うまくいかないと思います。

仮説をたてたら実験です。実験してデータを取り、分析していくというのが私のやり方です。現実主義者なのです。再現可能な方法しか信じられません。私のとらえた世界を表現するにはピッタリな方法です。私が出来て、貴方が出来ないと言うのであれば、私の間違いだからです。しかも私の言う事を信じる必要もありません。

万有引力の法則が信じようが信じまいが働いている様に、真理は働くものなのです。それに科学では証明できる世界ではありません。何故なら物質世界の事ではないからです。機械で計測しにくい問題だからです。

「こういう精神状態の時にこういう事が現れる」という仮説の元に統計学的に分析するしかありません。それが自然にある確率以上あれば（偶然をこえていれば）何等かの法則が働いていると言ってよいと思います。後は個人のもっている感性を高めていけば確率が上がり、精度が増すということだと考えています。

それは音楽やスポーツに似ています。繰り返し繰り返し、練習するうちにうまくなって行くものだからです。科学者達の多くは、一度や二度で出来ないからといって否定しますが楽譜が読めるからといっても美しいモーツァルトの旋律まで奏でられないのと同じです。

私の捉えた世界は、五感を超えた世界なのです。目を閉じていても見える。さらに部屋の壁の外まで見える（目を開けると実際の角度より、5～10度ずれているのが何故だか分からない？）。

　そうやって見ている自分をさらに外から見ている時さえあります。空に浮かぶ雲を自由に消したり現したり、突然過去生を思い出したり、あるいは過去生の私の中に意識が飛んでいき過去の私の中に入ったりもします（このとき、さらに不思議なのは斜め45度上からも同時に観察しています）。

　未来にだって飛んでいます。想像してみて下さい。映画を見ています。主人公になった気分のとき映画を体験している私と映画を見ている私がいる感覚になったことがありませんか？　それとよく似ています。

　過去や未来に飛んでいるとき、いつも同時に内にも外にも意識があり観察している。それは過去、未来の当事者ではないけど私自身である。

　そういう状態のとき何故か顔だけはっきり見えないのです。遠くから見るとなんとなく顔が見えていますが、近くに寄るとぼやけているのです。絵画を遠くから見ると風景だとか人物だとか分かるのですが、間近で見ると線と色の世界であるのと、とてもよく似ています。

明らかに脳が創るホログラフィックとは違うのです！

chapter6 生命の海

■運命

皆さんに信じて欲しいから、この本を書いているのではありません。むしろ疑って欲しいのです。疑うという事は、事実かどうか確かめる必要があります。実験して下さい。この種の事（超常現象、超能力等）は、鵜呑みにしてはいけません！　何故なら信じてしまうと、白も黒、黒も白になってしまう可能性があります。先入観が自己暗示さえかけてしまうのです。

例のオートマチックナビゲーション(条件反射)が働いてしまいます。催眠術の実験で「あなたは恋人のAさんを嫌いになる嫌いになる」と暗示にかけられると催眠が解けるまでもう顔を見るのもいや! 側に来られると、ぞっとするのです。だから疑うことから始まり、実験してみる必要があります。

残念なことにこの種の本には、見た、体験した等のおかげ話ばかりで、いかにしたら再現できるかというアプローチがありません。たとえ少しましな本でも、猥雑でわかりにくく、さらに人の欲望を掻き立てるように書いてあります。おそらく書いている本人ですら本当のことはわかってもいないし、体験すらしていないと辛口のコメントをさせてもらいます。

私は、はじめに、どうすればいいかを書きました。

「欲も得ももったままでいい。そんなものにはとらわれず、子供の頃のあなたに、素のあなたに戻る方法……、それが誰でもない私になることだよ。そうするとね、生きているだけで感謝できるし、とても楽しくなるよ。不思議な現象をいっぱい体験するけど、そこにつかまらないでね。目的は生命の海に帰ることだから」と、はっきり述べました。

そこのところをまず頭にたたきこんで欲しかったからです。例の受験生を指導するのと同じです。合格しない限り何の意味もないのです。目的意識をはっきりもたせ、毎回テーマを与えディスカッションして、考える力を養わなくては、やはり生命の海に、たどり着けません。

考える力とは、どこまで自分がわかっていないかを見つけるプロ意識のことです。プロは決して諦めません。そうすることによって直観が磨かれていきます。直感でとらえた方が、正しい場合が多いのです。

その直感は何処から来るのでしょうか？　潜在意識にある経験や記憶、刷り込まれた常識とは違った答えであることを経験したことがないですか？

問題意識という微弱な電波を発信し続ける、誰でもない方に広がっている私がアンテナからその答えに周波数を合わせる。テレビもラジオも同じ原理で受信しています。つまり送受信どちらもしっかりしないと雑音ばかり拾ってしまうのです。

あなたは雑音ばかり拾っていませんか？

少し空の気を吸ってみませんか!?

潜在意識にある余分な雑念を一度、空にしようと思いませんか!

私は二度、飛行機事故に遭うのを助かりました。何となく予定をずらしたのです。前の便の方が、早く着くのですが……。これなんかは、未来を予測していると思われますが、私はそう考えないのです。運が良くなっているので、大難は小難、小難は無難に、なってしまうのじゃないか? あくまでもこれも仮説です。

誰でもない私を捉えたら、運命の変更さえできるのじゃないか!

「運命は決まっている」と言ったら、あなたは否定されるかもしれません。でも私は逆なんです、運命が決まっているから変更できると考えるのです。決まっていないものは、変更するとは言わないでしょう。

占いを信じない私の実験の話です。占い、易等は運命学です。何百年、何千年の統計から導きだされた立派な科学なのです(再現性があり実証できるという点で)。人が占うよりコンピューターで解析した方がもっと当たると思います(だって占い師は、人の顔色を伺いながら判断するから）。

　年頃の女性だと、

「今日いらしたのは、異性問題ですね」

　目をパチパチさせる。

「うまくいってないのですね」

　うまくいってないから占いに来ているのに……。

「相手の方はあなたのことをあまり思っていませんね」

「そうなんです！」

　後はもう相談者の方が勝手に話します。

　時々易をみながら、

「止めた方がいいですよ。うまくいきませんよ」

　そんな事は当たり前のことで、男は浮気性であばたもえくぼに今見えているだけですから。

「先生どうしたらいいですか！」

占いの大半は人生相談なのです。易を立てなくともできてしまう。それでいいと私は思います。

正しく易を立てることができる占い師は、それに対処する方法もちゃんと示すことができます。それが持ち物だったり、方角、身につけるカラーだったりするものですから信じられないのかもしれません。お金のかからないことなら試してみたら良いと思います。

私は変人ですからすぐ実験してみます。

大事な事を決めかねているとき、本屋に行って占いの本を片端から立ち読みして共通するところを調べます。パソコンでもＯＫです。

「ふむふむ、こうすればいいのか」（日時、服装、ラッキーカラー、その他）

うまくいきそうなときは、調べた事と反対のことをやります。何故か駄目になることが多い。商談はもう決まっている、後は日時だけなのに話は流れてしまいます。

うまくいきそうでない時には、調べた通りにします。それが、うまくいってしまうのです。

「運命は決まっている。決まっているから変えられる！」と考えています。私は信じていないから実験するのです。

今の私は運命学に頼ることは一切しません。何故なら運命を受け入れたからです。運命学を学ぶより運を良くした方がいい。誰でもない私、生命に繋がった方がいいと感じたからです。

新企画の飲食店を開店させる予定があります。占いを調べました。どの易にも失敗すると出ています。占いなんてインチキさ、気休めにしか過ぎないと考えていた私は、開店させました。もうトラブルばかりです。何千万のお金がふっとんでしまいました。そこで運命学とは、おさらばです。普通なら運命学を学ぼうと思うのでしょうが……。

運命学に頼ってしまうとビジネス感覚を磨くことを忘れてしまうからです。お客様の喜ぶ商品やサービスを考えていく中に仕事の楽しみがあります。生きる喜びも同じです。運命学どうりにやって、仮にうまくいったところで面白くも何ともありません。人のこころがわからなくなるからです（人間万事塞翁が馬なのです）。

何があるかわからないから楽しいのです。人生はギャンブルです。勝ち続けることも負け続けることもありません。占いに頼ると自分のことしか考えられなくなる落とし穴があります。毎日、その運勢どうりの生活なんて私の好奇心を満たしてくれません。

大切なのは生きている実感だからです。

運命学を使って絶世の美女を妻にしたとしましょう。その妻に嫌われぬように毎日毎日、運命学どうり、せっせとするしかありません。

しかし運命学を捨てたら誰でもない私に出会えたのです！

天命を信じて人事を尽くす

「人事を尽くして天命を待つ」という諺があります。

これだけ努力したのだから、後は神様頼み。心の底には神様との駆け引きがあります。

神社に行ってお札をもらったり、心の中で神様何とかしてという心境です。

「きっと、うまくいくに違いない」と自分に言い聞かせているあなたがいます。失敗したら運がなかった、努力が足りなかったと……。

私は「天命を信じて人事を尽くす」方なのです。うまくいくに違いないと、はじめから思ってしまいます。うまくいって成功して喜んでいる自分まで想像してしまいます。そのうちそんなことも忘れて、今やっていることに夢中になっています。

もうすっかり忘れてしまっている。本来の目的さえも忘れてしまっているのです。そういうときは、成功してしまう。あれこれと迷っているときは、必ず失敗してしまう。

私は車マニアですから、時々カー雑誌を買ったりディーラーに見に行ったりします。(ウーン600万か、こっちは1000万円か) そんなにもお金に余裕はありません。

お金儲けをしよう! 仕事をしよう!

仕事をしているうちに車の事は、もうすっかり忘れてしまっています。仕事にはまっているのです。2~3年もすれば欲しかった車のことさえ忘れています。

そうしているうちに、別のディーラーの人が来たり、突然電話がかかってきたりして、その欲しかった車が安く手に入ってしまう。特別仕様の限定車(中にはビンテージ車がありました)で日本に数台もないものです。今まで3台そういった経路で手に入りました。

仕事もうまくいき、お金にも余裕ができて買えてしまう。実に運がいいとしかいいようがない。そのことに、50歳になってやっと気がついたのです。

「天命を信じて人事を尽くす」からうまくいく。

そこでの私は天命さえも忘れてしまっています。誰でもない私の方に繋がっているからです。あれしよう、これしよう、これはできない、いやこっちのほうが得だという考え方の私では、運は良くならないのです。無理してローンで買っても手放さなければならなくなるのです。

事業でも同じです。はじめはうまくいくのですが、駆け引きばかりしているから、そのうち資金ショートして終わってしまう。どこかいつも無理ばかりしているからです。「天命を信じて人事を尽くす」とは、駆け引きのない私に帰るということです。商売で駆け引きは大事です。が、私のいう駆け引きとは、自分との駆け引きのことです。

今の実力では出来もしないのに自分はその世界で一流だと、思い上がっているのならいいのですが本当にそう思い込んで、自分自身にうそをついている。そういう人は、平気で人を裏切る。裏切っていることも、うそをついていることも本人はわかっていない。いつも自分が正しいとしか考えていない。もう少し金があったらうまくいったのに……。あるいは他人のあらを探して文句をいう。困ったことに少々才能があったりもする。そんな人はもうなにをやっても、うまくいかない。
本人は一生懸命仕事をしているのだが、いつも途中で失敗してしまう。人生の末路が見えてきます。

誰でもない私に帰って運命を受け入れてみませんか！
生命の海に触れてみませんか！
あなたにとって一番の幸せがいつも用意されていることに気がつくはずです。

愛犬ジジ

愛犬ジジが苦しそうにぜいぜいしています。

死を知っているジジは、私の側に寄ってきません。薬をあげ、背中をさすります。肺がやられ、心臓が弱っています。ヨタヨタと歩き回りながらうつろな目をしています。いつもなら私の背中か、足元で寝るのですが、近づいて来ません。

頭をなで話しかけます。

「今度は人間に生まれてくるんだよ」

大好きなささみの燻製さえ食べてくれません。ミルクも減っていません。スポイドで薬を飲ませます。私はうとうとと眠りに入りました。その瞬間、愛犬ジジの苦しみがわかり、ハッと起きます。また背中をさすります。

「今度人間に生まれて来たら、一緒に遊ぼうね」

と語りかけます。苦しそうだが私の方を見て相槌をかえします。

子犬のジジに初めて会ったのは、小さな犬屋さんでした。

何軒もペットショップを回りましたが気に入ったのがジジでした。目と目があいました。シッポを振りながらヨチヨチ私の方に近寄ってきます。「私を家族にしてください」

という意識が、伝わって来ました。

「この犬かわいいね、目と目が合ったら寄ってくるよ」と妻を説得し、その日から我が家の一員になりました。生後３週間のヨークシャーとポメラリアンの雑種です。一人娘に弱い者の面倒を見ることを覚えさせたかったからです。

共働きの私たちは、小さな命を一人ぼっちにしていました。ジジはエサもミルクも飲まず、どんどん痩せていきます。娘は堪まりかねて、エサを口に突っ込んで食べさせました。子犬は愛情に飢えていて、馴れるまで側に居てあげなくては育たない事を娘に教わりました。見る見るジジは元気になって、家中にオシッコとフンをします。

「ジジ、ジジ、」と名を呼ぶとすぐに飛んできます。我が家の車の音も聞き分け、玄関で、お迎えをしてくれます。私が帰ると私と遊ぶまで離れません。いつのまにか私のふとんに入って寝るようになりました。

その愛犬の死が近づいていています。失禁が始まりました。綺麗にしてあげて、頭を撫でます。息が小さくなってきました。スポイドに水を吸わせて死に水をのませます。

「ジジ、ジジが死ぬよ」と妻を起こし、二人で死を見つめます。娘は嫁いでいるのでもうここには居ません。

息を引き取った瞬間、大声で妻は泣いていました。私は、ジジの魂に語りかけます。

「人間に生まれて来いよ！　一緒に遊ぼうね！」

小さなダンボールに毛布を敷き詰め、ジジの亡骸を入れました。一時間もすると硬直し、物体になってしまいました。大好きな食べ物も入れ、ふたを閉じ火葬場へ運びました。走馬灯の様にジジとのひとときを思い出していました。

「また会おうな……！　さようなら……」

と合掌して家に戻りました。

寂しさを紛らわすためにテレビをつけ横たわっていると、背中にいつものジジの温もりが伝わってきました。犬にも魂があるのです。

「ジジ、愛しているよ！」

と語りかけた瞬間、私の肺から一枚のベールが剥がれていきました。ヘビースモーカーである私はガン直前だったかもしれません（ガン検診を一度も受けていない）。

それを、ジジが持っていったのを感じました。

「ジジ、ありがとう」
私は涙が溢れました。

■生命場

これは私の仮説です。とても大事な仮説です。あくまでも仮説ですから、これから変わっていくかもしれません。

脳はコンピューターみたいなものだと考えています。人はパーソナルコンピューターをそれぞれもっています。脳がサーバーで肉体にセンサーが（目、耳、鼻、触覚、味覚、痛覚、など）ついています。私には生まれてやっと目が見える頃の記憶があります。例の「また、生まれてしまった」という強烈な意識です。

ここに二つの問題点が隠されています。

一つは、この意識は何処からきているか？

二つ目は、何故認識できるか？

一つ目の意識は、魂と仮定しておきましょう。魂なら何処から来て、何処へ行くのか、私とは誰か、という問題が残ります。

生まれてから形成された私なら「また、生まれてしまった」という意識は、錯覚か、うそになります。前世の記憶もうそになってしまいます。そのどちらもうそではありません。

父の田舎にはじめて行ったとき、「この村に昔住んでいた」ということを感じていました。その頃中学生でしたので、そのことは何かの錯覚だと自分に言い聞かせていました。しかし私が成人した頃、瞑想に凝っていて、時々前世の私にタイムスリップしていました。そのとき、その場所は父の田舎でした。

どうしても体験したことを、確かめたくて、勇気をだして母に話しました（父はもう他界しています）。

村には生活用水が流れています。その生活用水で、おばあさんが倒れて水に顔をつけて死んでしまいました。それは父の母だとすぐわかりました。家には仏壇もないので父の母のことは一切知りません。

そのことを聞いた母は、
「どうしてそのことを知っているの？」
母も霊能力があるのですぐ理解してくれました。父が生きていたら、そのことを含め前世の私と父が友人であったことも証明できたのに残念です。もっと前の前世も体験しています。

魂は輪廻するとしか私には考えられません。

そのことを証明できる方法を考えていきたいと思っています。例えばタイムスリップは、過去だけではなく、未来にもしています。過去は捏造できますが未来は捏造できません。近未来の情報を集め、それを文書にして誰も見られないようにして10人ぐらいの信用のおける人に保管してもらいます。期日が来たら開封してもらう。公開したら人の意識が未来を創ったという可能性も考えられるからです。

今の私ではまだ出来ませんが、そのうち公開実験をしてみたい、と考えています。

もう一つは、何故認識できるか？　という問題です。

外を見たとき、今こうして見ているのと同じように見えていたのです。外界を認識するソフトウエアーが始めから入っているのです。コンピューターは、ソフトウエアがなければ、ただのガラクタです。○なら○、△なら△、花なら花、色や形の違いを0・1・0・1のコンピューター言語に置き換えてその情報を分析、記憶します。

私がやっと目が見えた赤ん坊のときには、もうきちんと正確に外界を分析し、ホログラッフィックに再構築しているのです。これは学習してできたソフトではありません。0歳児の脳は、皺も少なく脳のニューロンも発達していません。人間の脳には、始めから外界を認識するソフトが入っているのでしょうか？　誰が入れたのでしょうか？

DNAに組み込まれているかどうかは、現在の科学でもわかっていません。それも、あくまでも科学上の仮説なのです。

一つの細胞から目や鼻、心臓、手足に分化していくのも不思議です（日本は、この分野でトップを走っています。IPS細胞）。

「また、生まれてしまった」という意識もDNAの中に組み込まれているのでしょうか？　そうすると、私のクローンを作れば、全く私と同じ記憶を持った私が生まれてくると思います（実験したいが禁止されている）。

でも私はそうは、思いません。

姿、形は同じでも、記憶や意識まで再生できるとは思いません。各細胞や器官は一定の反応をしているだけと考えています（肉体を維持するホメオタシスフィードバック）。意識や記憶は魂という個としての生命がもっているのではないかということです。

私は生命場の中の一つが魂であり、外界を認識するソフトも記憶という情報もそこに在ると考えています。肉体ができたときに魂（外界認識ソフトと意識）がインストールされたと考えています。何故なら幽体離脱したときにも外界をとらえることができるからです。

さらに各個としての魂、意識は生命場（ホストコンピューター）に繋がっているような気がします。私にとって死とは、この世を捉えるセンサーとしての肉体の死でしかないのです。死ぬと、この現世での記憶は必要なくなるので、自動的に圧縮されて片隅に追いやられてしまう（脳の記憶システムと同じ）。忘れることが出来るから生きていけるのです。

誰でもない私に広がっているとき、大海という海の中の一滴が私であるという感覚に成っていました。それは丁度、ホログラフィックユニバースなのです。

レーザー光線を反射してつくる立体映像を見たことがありますか？　例えばりんご一個を映し出します。その映像のほんの一片を取り出して拡大すると、元のりんごになります。部分が全体の情報をもっているのです。

それと同じように全体が部分、部分が全体であるという感覚を受けました。だからあなたは私、私はあなたであると思えたのです。生命場には、すべての記憶、宇宙が誕生してから今までの、（さらに未来の？）情報があるようにも思えるのです。海が多種多様の生き物の住み家であるように……。

生命場はすべての生命の故郷であるように思われます。

だから誰でもない私になって生命の海に触れたとき、母の胎内の羊水にいるような無に近いとても幸せな感覚に浸っていました。それはまた、すべてに恋をしているという感覚でもありました。生命のエクスタシーとでも言えばわかるかもしれません（うまく表現できないのが残念です）。私は生まれる前、おそらくこの生命の海に浮かんでいたのでしょう。

だから「また、生まれてしまった」という強烈なショックをうけたのです。母親に抱かれてやさしい温もりを感じながら母乳を飲んでいるところを急に引き裂かれたようなものです。「また」というのは、幾度も生まれ変わりながらやっと辿り着いた生命の海に、いつまでもいたかったからだと思います。

これも仮説ですが、宗教の教える霊界は人間の想念が創った世界だと思います。人がいだく理想と恐怖が天国と地獄を形成している。その世界があまりにも人間くさいと思いませんか?

たとえ天国にいけたとしても生命の海を知ってしまった私にとってその場所は地獄と同じなのです。地獄は肉体的ＳＭで、天国は精神的ＳＭの世界に、私には映ってしまいます。毎日、神様の顔色を伺いながら良い子になる修行をしたくはありません（こんなこと言うから変人だと思われている）。

私がとらえた生命場は、ネガエントロピーなのです。

消滅しないのです。おそらく時間もないはずです。ないはずというのは、物質世界にすっかり慣れてしまっているから、意識の中に体内時計があり、時間があるよう感じているのだと思います。未来も過去も同一空間にあるのかもしれません。

普通の私に戻ったとき「瞬間こそ私である」と感じました。

とても奇妙なのですが、あの世からこの世を見たことがないのです。とても重要なことなので、一緒に考えて下さい。生命場に触れているとき、私という意識が薄れてきました。何も見えていません。何もないのです。ただ至高の幸福があるのみです。存在そのものに広がったような感じです。

この世に生まれて初めて過去も未来も観察（体験）している私がいるのです。それは幽体であろうが霊体であろうがエントロピーの世界（相対世界）に存在しているということです。時間があるのです。生命場は、おそらく空間に広がっているのです。形も大きさもないから比べようがない。遍満しているとしかいいようがない（絶対世界）。

私は、魂こそが私という意識だと考えています。

絶対と相対がペア、一つになって、魂を形成している。（時間と空間で時空であるように）誰でもない私、生命の海から意識が戻った瞬間、時の流れを感じ、私は生まれてきたことにとても感謝しました。悲しくもないのに涙がでます、生命の喜びなのです。

雑念が一切ない澄み切った状態なのです。

こんなとき、食物にも動物にも話すことができます。言葉ではなく意識と意識のコミュニケーションです。


公園を愛犬ジジと散歩していたときです。雑草に紛れて咲いている一輪の黄色い花が気になりました。

「とても綺麗だね」

「………」

「いつも散歩するけど気がつかなかったよ」

「………」

「いつからここにいるの？」

「………」

花が話をするはずもないのに話しかけていました。ペットに話しかけるのと同じです。

家に帰ろうとすると……、

「明日もきてくれる」

という意識が伝わってきました。

錯覚か？　と思いつつも翌日会いに行きました。するとどうでしょう。一輪しか咲いていないはずが、あちこちの雑草にまぎれて、あたり一面に美しい花を咲かせているではないですか！

花壇に植えられている花よりきれいなのです。

「ありがとう！　このことだったんだね。明日も来て、というのは」

不思議といえば不思議です。当たり前といえば当たり前の事かもしれません。でも確かに聞いたのです（こんなこと言うから変人に思われる）。

聞くというのではなく、花の意識を感じたのです。

愛犬のジジにも実験をしたことがあります。

家の前のビーチに孫とジジを連れて散歩によく出かけます。誰もいない砂浜で寝ころぶのが大好きだからです。孫は砂遊びに夢中です。ジジは走り回っています。波の音を聞きながら空の気を感じとっていきます。心も頭もからっぽになってきました。孫は私の側にいますがジジは見あたりません。

「ジジ、ジジ、」と無言の声で呼びます。するとどうでしょう。遠くから全速力で私に駆け寄ってきたのです（ムフフフフ……。やっぱりな！）

私が話すことを信じられないあなた！

何となくわかっているあなた！

体験してみてください！

体験しなければ何もわからない世界を話しています。生きることも死んでゆくこともすべて受け入れられるあなたに変わってしまいます。ちょっとした事にも感謝と感動を感じられる、素のあなたに戻れるのです。

私の世界は宗教ではありません。何しろ神様がいないのです。神様がいないと宗教ではないのです。生命の海を体験することだけが目的だからです。教義も哲学、思想もありません。作法も修業もありません。

あるとしたらただ一つ誰でもない私に帰る練習だけです。お金もかかりません。いつでもどこでもできるからです。コツを掴むには、毎日毎日のわずかな時間を修練にあてるだけです。

はじめて自転車に乗るのと同じです。習うより馴れろ！　なのです。あなたの世界が変わってしまいます。悩みや苦しみが少しずつ消えていきます。生きている、ただそれだけのことに感謝できるあなたが、そこにいます。運もどんどん開けていくのに驚いてしまうでしょう。恋という感情に包まれているあなたを想像して見て下さい！

至高の幸せがそこにはあります。

より良い私を目指していたあなたが、すべての悩み、苦しみを作っていたことがわかるはずです。

生命系の文明

生命を見てください！

この地球上に生息する生き物は、それぞれの環境に適応して生きています。一見弱肉強食の世界に見えますが、必要以上の捕食は決して行いません。全体で一つのバランスをとっています。

例えば、今日本では野生のシカが増えすぎて森林を破壊しています。エサがなくなり町まで降りてくるようになりました。畑を荒らしています。天敵のオオカミがいなくなったからです。人間が絶滅に追い込んでしまったのです。

それでも里山に人が生活していたときは、シカを間引きし、針葉樹を木材として利用して山全体のバランスをとっていました。今、里山に住む人がいなくなっています。例をだしたら、それこそ何百冊の本ができてしまいます。そのことに警告を発する良心ある人は大勢いますが、

「政治は票に結びつかないから」

「行政には予算がない」

「民間はお金儲けにならない」

と逃げています。

人間中心主義は、自然破壊ばかりでなく、人間社会の伝統文化も破壊しています。同じ価値観しか認めない洗脳教育は全世界で進行しているのです（世界を一つにという美

名の下に人間ロボット化。ワンワールド、グローバル化)。多様化しない文化は自然環境と同じくいずれ滅びることになるでしょう。

生命場に触れたとき、

共に考え

共に助け合い

共に解決する

という意識を感じました。

それはそのまま、愛の本質なのです。お互いを認め合うという生命すべてがもっている調和がそこに隠れています。人間だけが、そのことを忘れてしまったのです。生命系がもっている「共に考え、共に助け合い、共に解決する」という愛と調和の世界がそこにあります。

何度でもいいます。すべての生命は意識をもっています。

言語によるコミュニケーションではありません。

世界中で異常気象、地震、火山噴火、伝染病の発生が著しく増加してきています。この現象は、地球生態系からの警告なのです。

人間の体にも同じ機能があります。例えば、風をひくと熱がでるのはウイルスの増殖を抑えるためです。抑えると同時に免疫機能を高め治します。ウイルスが死滅すると、もとに戻ります。さらに同じウイルスは体内に入っても、免疫ができていますからもう増殖できません。同じような機能を人体は数多く持っています（ホメオタシスフィールドバック恒常性の維持機能）。地球自身にも同じ機能があります。

地球にとって人間はウイルスか、ガン細胞のように映っているのです。

気象科学はあらゆる気象データーを集め、スーパーコンピューターで今後の地球環境を解析しました。あと１００年もすると人間が住める地域はわずかになる事をつきとめました。

本当のところはあと30年なのです。

気象データだけでシミュレーションしているのです。生物系生態科学がデータに入っていません。森を見て木を見ていないのです。気象科学は近年発展しましたが２～３年先ぐらいまでは、60～70％当たるかもしれませんが１００年先はわからないのです。

もう一度いいます。2〜3年後でさえ60〜70％なのです。しかも「当たるかもしれない」なんて冗談じゃない！　たかが明日の天気の事じゃないのです。「はずれました」ではすまされません。

どうしてこんなことを言うかというと、スーパーコンピューターのデータを元にして地球温暖化対策をしているからです。１００年先をまだ一度も予測したこともなく、それが正しいかどうかは１００年後にならないと確かめられないのに。

ノーベル経済学賞をもらった経済学者（数理解析）が集まって、得意の分野でコンピューターを使って自動売買する投資会社を創りました。わずか数年で巨額の損失を出して倒産したことは、まだ記憶に新しいと思います。

つい最近サブプライムローンが破綻して世界中が大不況に見舞われました。「債権バスケット」を考えた人達もハーバードやコロンビア大学で修士課程を卒業した頭脳でした。私も投資家ですから勉強しました。

「景気が永遠に続くという前提とサブプライムの金利があまりにも高いこと」を除けば、理論は正しいのです。投資ブームのとき私が「必ず破綻する」といっても誰も相手にしてくれませんでした。

頭がいいというだけで彼らには経験がないのです。経験がないばかりか特種な例外(百年に一度起きるかどうか)を除いて理論をくみたてました。小学生でもわかることです。数学の基本です。

「明日起きるかどうかの確率はいつも二分の一なのです」

数理解析はできても物事を単純に捉えることが出来ないのです。理論のための理論で遊んでいる専門家達の集団なのです(日本の官僚達に似ている)。

事業や経済の破綻は取り返しがききますが、人類の破綻や地球の破綻は取り返しがつきません。

今また、それらと同じ過ちを繰り返そうとしています。今度は地球上の生命を賭けようとしています。人類だけが滅亡するのはしかたがありませんが……。

地球環境の悪化は、今後30年を待たずに加速していくでしょう。そして30年過ぎたら人類の科学の力ではもう取り返せないと思います。国際機関や日本をはじめ世界各国は、口先ばかりでなかなか動こうとしません。自分達の利益ばかり考えています。

命あっての財産なのに、すべてはお金中心に動いています。科学が進歩し、人類が豊かになることは悪いことではありません。今、国を、世界を、代表する人達がおかしいのです。その人達を私たちが選んでいるのです。

誰でもない私に繋がったとき生命に直接触れ合います。やさしい、やさしい命の声が聞こえてきます。100人に1人そこにアクセスしたら生命系は繋がっていますから世界は一変してしまいます。新しい地球文明のスタートが始まります。

「共に考え、共に助け合い、共に解決する」という生命系の文明がはじまります。そこには生命すべてとの共存共栄を図る科学文明が始まります。

絶対と相対

デカルトは「我思うゆえに我あり」といいました。すべてを疑ってみてもどれが真であるか偽であるかわからない。けれど考えている私がそこにいるじゃないか。とてもシャレていると思います私の体験は違います。

デカルトが我思うゆえに我ありということを見つけたことを私は感じているのです。「私は誰か、存在とは何か、あるいは神とは何かを考えてもわからない。でも考えている私はそこに存在しているじゃないか」ということを私は感じているのです。

わかりやすく言うと哲学で捉える世界を体験しているということです。体験していないから迷うのです。思想、宗教、哲学どれもすばらしいものだけれど体験しなければ本当のことはわからない。わからないからまた考えてしまう。

愛は考えてつかむものなのでしょうか？　感じることでつかめるのではないでしょうか。時には考えることも必要です。ちょっと立ち止まるためにね。

「百聞は一見にしかず」なのです。

「生命の海」は大愛の世界なのです。見返りを求めない愛を大愛といいます。それ以上大きい愛はないでしょう。でも私の体験では恋なのです。しかも対象のない恋なのです。

私はめんくらってしまいました。いまだかつて一度も体験したことがない快感なのです。魂のエクスタシーなのです。もう言葉では表現しようがない（私の知っている言葉の概念の中にはない）至高の幸せを感じたのです。

全身の細胞がざわざわざわざわと小刻みに震えています。

やさしいやさしく空の気が私をつつみこんでいます。

思考が止まりました。何も考えていない私がいます。

背中から頭上に、頭上から背中にエネルギーが出入りします。

すると突然、光に包まれている私がいました。

生命の海に浮いています。

魂が歓喜に溢れています。

時間が停止しました。

悲しくもないのに泣いている私に気がつき我に帰りました。何十分何時間経ったのかわかりません。時計を見るとほんの2～3分の出来事でした。

生命としての私は考えている私ではなく、体験している私です。物質世界（霊界を含め）という生、老、病、死のエントロピーの世界を体験しているのは、生、老、病、死のないネガエントロピーの世界での私でした。

考えている私、条件反射化（先入観、習慣などが自動的にきめる）された私、生物の持つ生存本能としての私を含め、私なのです。それらを手放したとき、生命としての私にふれたのでした。

とても重要なことなので一緒に考えて下さい！

相対（世界）は実在するが実存しない

相対は比べること（形、大きさ、など）によってわかる世界です。私たちが普段捉えている世界です。時間も同じです。アインシュタインやシュレジンガーなどは、この世界は波動だ、エネルギーだと発見したのです。空間は99・99％なにもない。残りの0・0001％が波動だ、エネルギーだとわかったのです。

原子核と電子の間をなくしたらこの地球はメロン一個の大きさになってしまいます。さらにメロンの大きさの地球を構成する原子核も電子もすべて素粒子です。

光も素粒子の一つですから、この世界は光でできているといっても過言ではありません。私たちの狭い感覚器官が捉えた世界は光であれ波であれエネルギーが姿、形を変えて実在のように見えているにしか過ぎないのです。
実在であっても実存ではないのです。それにいずれ消滅してしまいます。
ここのところが重要です。消滅するものは、実在であっても実存ではないのです。

絶対（世界）は実存するが実在しない

絶対は比べることができない世界です。比べることができない唯一だから、絶対と言えるのです。逆も真なりです。無限であり遍満しているともいえます。消滅しないのです！（これが絶対です）
私たちの感覚器官でも、科学的手法でもってしても、捉えることができないのです。捉えることのできないものこそ絶対なのです。相対と絶対は相反する関係です。

相反するものはどちらか一方では存在できない

紙の表と裏と同じです。＋・－。陰・陽、など。
以上３つが私の根本哲学なのです。しかも体験したのです。

この3つの定理から公理がみちびかれます。

実存＋実在＝存在　実（存在）

あるいは、

絶対＋相対＝存在

存在とは、どういうことでしょうか？　考えている私、体験している私。その私という感覚が意識なのです。

この意識がなければ認識もできないのです。

幽体離脱したときも過去や未来にジャンプしたときにも認識主体として私がありました（肉体で捉えているのとは存在の次元が違うだけ）。

意識がなければ世界は存在しないのです（存在していても認識できない）。

■存在とは意識である

意識の正体がわかってきました。

タオの陰陽図です。

私はこの図を見たとき絶対と相対のことだ！　と直感しました。

誰でもない私になる為、潜在意識、深層意識を開放していきます。

少しずつ雑念がわかなくなってきます。そういう状態のとき、意識を宇宙に拡大していきます。地球から太陽系、太陽系から銀河系へと……（旅をしているイメージをいだく）。肉体感覚がうすくなっていきます。目は閉じていますが、突然外が見えるのです。

今度は逆に肉体から心臓、心臓から細胞、細胞から分子、原子、素粒子へと意識の旅をしていると、突然、瞑想している私を外からみているのです。

タオの図そのものなのです。

相対するこの世界、（時空、宇宙）は、その背後に絶対する世界があり、成り立っている。魂も同じなのです。もう一度タオの図を見てください！

相反するものはどちらか一方では存在できない図が、タオの陰陽図です。この図は宇宙そのものを現しています。それはそのまま魂の図でもあるのです（存在そのものを抽象して表した図です）。宇宙と魂は同じ構造をしているのです。

[道教の陰陽図]

陰を絶対、陽を相対と私は考えています。
宇宙の抽象図であり、魂の抽象図です。

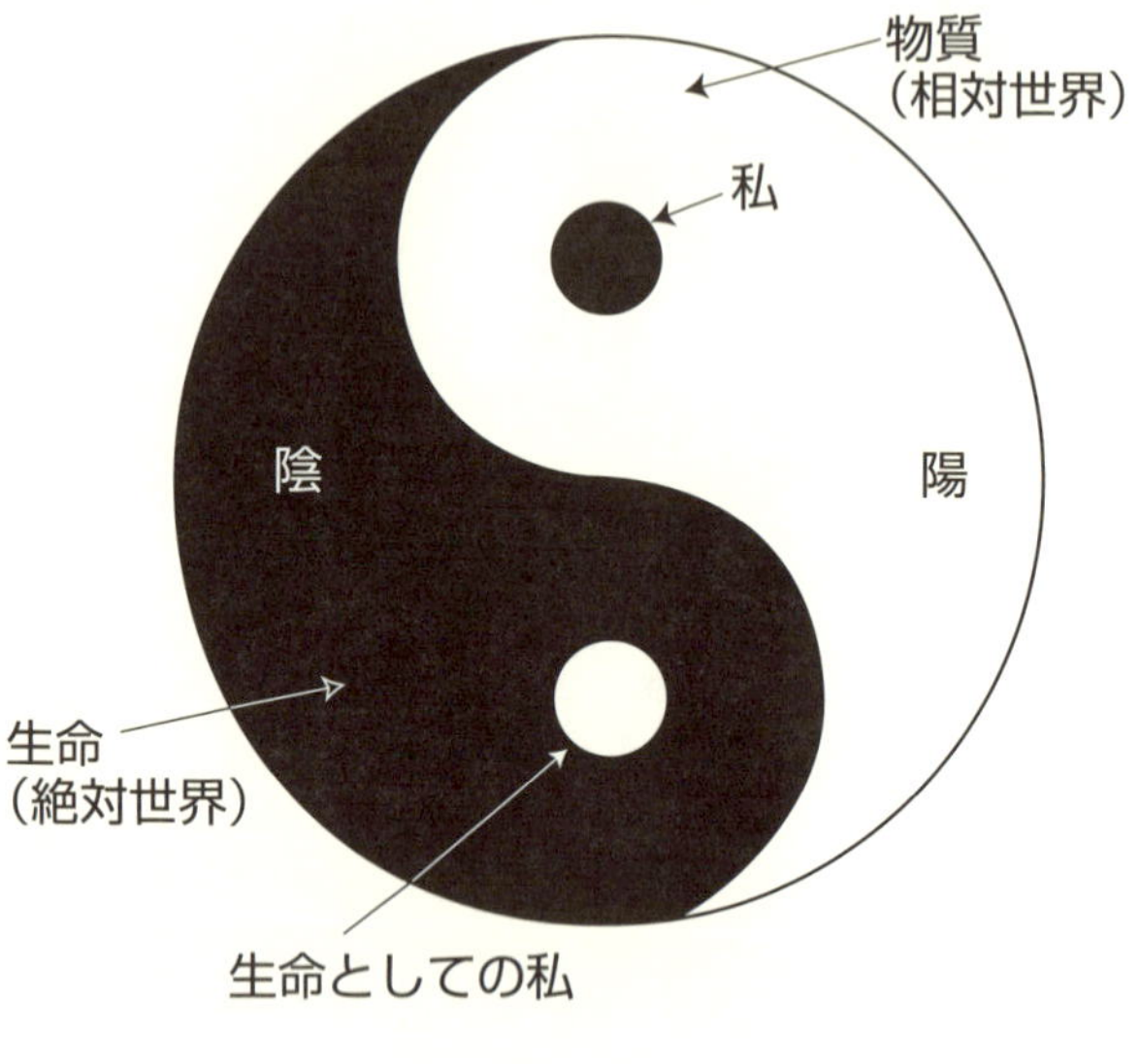

魂が存在そのもの、意識であるなら宇宙も存在そのもの、意識をもっているのです。

丁度、それはレーザー光線が作る立体映像と同じです。

ほんの一部を切り取って拡大すると元と同じ映像になります。そのことと同じ構造になっているのです。私たち一人一人が存在そのものであり、宇宙そのものであるのです。

epilogue エピローグ

絶対はとても孤独でした。何でも自分の思うままです。

名誉も地位も財産もあきあきです。いつでもどこでもなんでも手に入らないものはありません。なにをやってもいつも一番です。酒も美女も大邸宅だってどれだけあるかさえ忘れています。野球の試合も予定どうりです。見る必要もありません。

そこで絶対は絶対でない世界に憧れました。

彼の創るイデアの世界に〇・〇〇〇1％の自由をあたえたのです（これがノーベル賞をもらった益川さんの理論）。

ビックバンが起きたとき、物質と反物質が生まれ、すぐ消滅するはずだったはずでした。０・０００１％のゆらぎがおこります。

宇宙が誕生したのです！（対称性の破れ）

私は、このゆらぎこそ、絶対の神が私たちに与えた自由だと考えています。彼の書いたシナリオどうりに、いかない事が起こります。野球のメイクドラマが生まれます。恋愛もハッピーエンドばかりではありません。明日がわからないからワクワクするのです。

絶対は、きっとワクワクしたかったのです。

自分のシナリオどおりに行かないかもしれないというワクワクです。99・９９９％決まっていても、ほんのわずか変化するだけで連鎖的に広がっていきます。全く違った様相になるのです。そこに創造の原理が働きます。

天命を信じて人事をつくすという意味が、ここに隠されています。

まず出来ると確信することです（確信するにはそれを裏づける事を学習する）。それも誰でもない私が、生命としての私が思わなくては創造の原理が働きません。条件反射化された私が思っても何も変わらないのです。

後は目の前に現れた事を（少々都合が悪い事が起きても）一生懸命処理していけば実現していくと確信しています。仕事のことばかり考えていても実現しません。仕事をしていることさえ忘れるくらい楽しんでいるとうまくいくのです。

誰でもない私は、絶対という生命の方に繋がっているからです。

運命は99・99％決まっていても変えることができます。

０・００１％の創造の自由があります。

運を良くするには絶対の方に繋がっていくことです。経験則の私では良くなりません。出来ないというブレーキが働くからです。さらに言い訳さえしてきます。楽しんでいる私は、言い訳を聞く耳をもっていないからうまくいくのです。

まさしくワンダフルライフです。

絶対は無限ですから０・０００１％であっても全体に広がるとやはり無限の変化を起こしていくのです。

ただし生命全体の秩序を乱すことにはひずみは起こせません。

貴方も一度、生命の海に触れてみませんか？
魂を恋に似た至高の喜びで満たしたとき、
そこには本当のあなたがいます。
何処でもいるあなたは、
かけがえのないあなたなのです。

長田恒昌（ながた　つねまさ）
1954年、４月３日あの世から帰る。
2006年、実社会から卒業。仙人生活に目覚める。
趣味、「何もしないこと、何も考えないこと」
特技、「動植物と話が出来ること」
長所、「短所がいっぱいある所」
ライフワーク、「私探し」
座右の銘、「出世しないこと、偉くならないこと」

右脳と左脳のダンス　誰でもない私探し

2009年９月20日　発行

著　者―長田恒昌
発行者―西村孝文
発行所―株式会社白馬社
〒612－8105　京都市伏見区東奉行町１－３
電話075－611－7855
FAX075－603－6752
http://www.hakubasha.co.jp
印刷所―株式会社太洋社

ISBN978-4-938651-70-1

右脳と左脳のダンス

誰でもない私探し

白馬社

プロローグ

死はいつも私たちと、隣り合わせで存在します。

死ぬことはあまりにも当たり前すぎて「考えない日常」になっています。あるいは「考えてもしかたがないこと」もしくは「タブー」になっているのかもしれません。

死を見つめることは、生を見つめることでもあるのです。生きていくということは、人生に喜びや幸せを見出していくことだと思います。

そのことが出来ないと、悩み、苦しみが始まります。たとえそこから一時解放されても、人生ドラマは次から次へとつづき、人は生きるための知恵を蓄えていきます。

やがて「人生って、こういうものなんだ」とわかった時には、棺桶に片足をいれている年齢になっています。あまりにも皮肉な話ではありませんか！

でも「それが人生さ」と受け止められる人はとても幸せな人なのです。自殺願望者やノイローゼに陥っている人たちの多くは自縛していて、社会に適応出来なくなっているのです。つまり自らを縛るので自縛なのです。

自縛したままで死ぬと自縛霊となって、あの世での苦しみは同じか、それ以上だそうです（宗教ではそう教えま

す）。

あの世ではもう死ねないのだから死に急ぐ事はありません。だから生きているうちにどんな問題も解決して行った方が良いのです。

あの世のことをいろいろ調べました。霊界と呼ばれる所は、同じ想念をもつ人たちの集まりで出来ているそうです。

今の生活と変わらない霊界もあれば、戦争で死んだ人たちの一部は何百年もいまだに戦い続けているのだそうです。各宗教のいう神殿が建ち、花が咲き乱れ、そこで隠匿生活をしている集団もあるそうです。どの霊界にいくかは、あなたの行いによるそうです（徳をつむ）。

私は霊界と呼ばれているところは、人の想念が創った仮想ワールドではないかと思っています。こうあるべきだという、あるべき自分につかまった人たちの集団が、仮に住む世界。信念体系（イデオロギー、習慣病、ノイローゼ、他を認めない頑固な性格、理想主義者）の強い人々のディズニーランドだと思っています。なぜディズニーランドかというと本人たちはその場所が楽しいので、自分が死んだとわかっていても抜け出せないからです。

私も50歳を過ぎ、そろそろあの世へ旅立つ用意をと思って本を書く決心をしました。私の掴んだ世界とあまりにも違う事ばかり書かれた本が多すぎたからです。

目次

❷　タオを知ってどうなるの

❸ あるがまま　なすがまま

❹　誰でもない　あなた

1
タオって何だろう

制約

タオは

こうでなければならないという制約は

もたないんだ。

だから　タオにつながる為には

この制約を　捨ててみることから　始まる。

常識という名の役人は

～は決してできないという制約の中に

あなたを　とじこめている。

そのことに　気がついた人のことを

タオの人というんだよ。

本当の自由は　社会の制約を破ることではない。

破ったって　また　次の社会の制約が生まれる。

だから　タオの人は　自分の制約を破るんだ。

そうすると　本当のあなたに　出会えるのさ。

キリスト意識　真我と呼ばれるけど

僕は　タオ意識っていうことにしている。

道は混沌の中にあるけど

それを超越しているのが　真の自由人！

タオの人さ。

タオ

「タオ」って　何だろう？

それは　道である。

人は　どこから来て　どこへ行くのか？

そのことを　見つけることが　道なのさ。

タオには　教科書がない。

宗教でいう　経典もない。

哲学でも　宗教でも　道徳でもない。

先生もいなければ　説教すらしない。

では　どうやって　学ぶのか？

求めれば　いいのさ。

何を求めればいいかって？

決まってるじゃないか　道を　求めるんだよ。

人それぞれの道があるけど　ゴールは　同じなんだよ。

道を求めるということは

あなた自身にたずねることでも　あるんだ。

でも　決して考えては　いけない。

考えるということは

自分の都合のいい答えを見つける作業だからね。

自分に問いはするが　考えはしない。

すると　ヒラメキという導師が　ヒントをくれる。

そのヒントに対して　調べるんだ　学ぶんだ。

調べる　学ぶは　体験することであって

知識を増やすことではない。

知識が増えれば増えるほど　迷いも増える。

体験しなければわからない世界を　タオというんだ。

道を求める　それは私は誰かを知る道である。

神？

タオは　まず神という概念をもたないことを教えるよ。

人格神としての神ではなく　絶対として　とらえている！

そこのところが　とても重要なんだ。

だけど　決して宗教を　否定したりはしない。

むしろとても大切な文化として　親しみさえ懐いている。

人格神の神が　少々霊力や神通力が　あったとしても

（サタンだって持っている）

そのことだけで神として　崇めることはしないよ

タオのヒトは。

すがったり　崇めたりして　いったい何になるんだ。

自分の足で歩まない限り　道は開けないからね。

問題を解くのは　自分なのに

教科書に書いてある答えを写しているだけでは

どうにもならないことを　タオの人は知っているよ。

それに何が問題であるかを

問うことも自分自身であるところが

とてもすぐれていると　思わないか！

何処がわからないかが　わかっていなければ

いつも同じところで　つまずくからだ。

もうひとつ　付け加えるとしたら

それを体験していくことなんだ。

だから哲学でも　宗教でも　道徳でもない。

体験することこそが　タオそのものなんだ。

とても　ステキだろう。

絶対と相対

タオでは

神（人格神としての神ではなくて）のことを

絶対と呼んでいる。

生も死も超越している。

完全であるから

人を支配しようとはしないし　お説教もしない。

姿　形を持たない　大きさも　時間もなければ

比較しようがない。

だから絶対なんだ。

僕たちは　その逆の世界にいる。

タオでは　この世界のことを　混沌といっている。

大きさ　形　時間と多種多様化しているから　混沌なんだ。

混沌としているから争いごとがたえない。

だから　説教したり　人を支配しようとしたりする。

実は　絶対は　相対する世界があるから絶対でいられる。

相対世界は　背後に絶対がいるから

相対を現すことができる。

タオは　そのことを　はっきり知っている。

エ～!?　わからないって？　むずかしいって？

体験しなければわからない世界をつかむことが

道を　求めると　いうんだよ。

ティータイム

タオを求めだした時に触れたことを、少しお話します。

昔からナマケモノで不精な私は、何か嫌なことがあると、本を何冊も買ってきて読み終えるまで部屋にこもる癖があります。本の中の主人公になって嫌なことを忘れきるためにです。

今なら、ビデオがありますが私の時代は本が主流です。

本を読み終えて眠ってしまえればいいのですが、かえって目が覚めてしまうのです。

とりあえずストレスはとれています。眠れない時は寝ないことにしています。

何故なら、無理に寝ようとすればするほど目がさめてしまうからです。

ここで実験です。目を閉じて何も考えないことに挑戦です。

じつは何も考えないことはむずかしいのです。本当にできないのです。

「あれ～」がはじまります。私は体験主義ですから体験したことに疑問を感じるのです。

哲学や宗教は苦手です。体験のないことは知の遊びにすぎないことを経験で知っているからです。だから私の「あれ〜」はいつも体験からはじまります。

何も考えないことが何故できないか？

私という主体が考えているはずなのに、私以外の私が考えようとしている。

ここでショックを受けてしまいました！

「私は誰か？」

哲学、宗教、心理学、脳科学、わからないまま読みあさります。すこしわかってくるのです。

「私は誰か？」

みんなそれらしいことを書いているのですが、何かが違うのです。

体験するしかない！　瞑想やクンダリーニヨガ、仏教の止観などにチャレンジしても、「私は誰か？」という疑問に対する回答は見つかりませんでした。

超能力や霊力ばかり身についてしまいます。一時、出家まで考えました。

もうその能力がコントロール出来ないからです。

霊が見える、他人の過去生もわかる、未来にも過去にもいってしまう、目を閉じていても家の中が見える、さらにその外まで見える。手をあてると、病気の人の患部もわか

る、もう超能力のバーゲンセールです。

最後には、「すべてを捨てよ！」という意識が入って来ました。

「私は誰か？」を探しているのに「すべてを捨てる？」

私は、きっぱりと断りました！

「私には愛する子と妻がいる」と。

もう30年くらい前の話です。そのときから精神世界とは、おさらばです。

超能力ほどつまらない能力はないと体感したからです。そして平凡な生活に戻りました。

苦労は多いが、家庭と仕事の楽しい日々を過ごしました。

40歳後半、本屋で立ち読みをしていた私は、一冊の本と出会います。

『ヒマラヤ聖者の生活探求』です。私は読むと同時にそこに書かれてある不思議な出来事の一部を体験してしまったのです。また「あれ～？」が目覚めてしまいました。

それからまた、私探しがはじまったのです。

そして老子に出会いました。奇妙奇天烈な人物に、私と似たところを感じたのです。

本から知識を得ることも霊力をつけることもいらない、と気づきました。

自分自身に尋ねると何処からともなくヒントが与えられ

てくるようになりました。

導かれるまま、気の向くまま、時の過ぎ行くままに、生きていくことにしました。

それが、タオ（生命の海）との出会いでした。

寿命

人は　生きて　50年　いや80年……………

仮に100年としても

たかだか100年なんだ！　100年過ぎたら

この世界の人間　あなたの知っている人は誰もいない。

とても不思議だと　思わないか？

とても寂しいと　感じないか！

タオに通じる人は　そのことを知っているから

争いごとを　好まない。

勝っても　負けても

自慢もしなければ　ふさぎこむこともない。

そんなことより　一瞬という時の流れに

溶け込むことを楽しむ。

その一瞬が　永遠の時のささやきなんだ。

肉体の持っている感覚では

捉えられない世界をつかんだ時

永遠という生命を…………

そこに見つけることができるのさ。

カッコイイ

「やあ、カッコイイね」

といわれたとき

一番かっこ悪い。

「まあ、ダサイね」

といわれたとき

一番　みじめ。

そうやって　周りの視線ばかり気にしている自分が

一番かっこ悪いし　ダサイんだよ。

自分のことしか考えていないんじゃないか。

周りの人を　幸せにしようと思っているあなたが

一番　カッコイイ！

恋

おやじは　恋を知らない。

恋という字は　下に心があるから

変な下心って答えやがる。

恋ってさ

明日のことを　考えない愛なんだよ

と教えてあげたい。

タオは　まさに　これさ。

明日のことを　考えない愛の状態と

とても良く似ているんだ。

愛

愛しているって　いわれたら

照れくさい。

愛しているって　いわれなかったら

寂しい。

愛は　お互いの確認さ。

道を求めるのと　とても似ている。

つかみどころのない愛と　とても似ている。

何かのきっかけで　タオをつかんだら

そっと　育ててみよう。

友

友　遠方より来たる。

酒を　くみかわし

人生を　語る。

悩みや　自慢話に　時は流れる。

お互いが　同じ時間に　なれるから友なんだ。

何年も会っていなくても

共通した時を過ごした友に

ほんのわずかな時間で　近づけあえる。

タオも似ている。

一瞬で　永遠の時をつかめるって　ところがね。

仕事

あなたは何の為に仕事をする？

「お金のため？」

もう一度考えて

あなたは何の為に仕事をする？

「家族のため？」

もう一度考えて

あなたは何の為に仕事をする？

「自分のため？」

もう一度考えて

あなたは何の為に仕事をする？

「…………………………？」

と考えているようじゃ　本当の仕事はできないさ。

「仕事の為に仕事をする」が　答え。

「え～⁉」

違うって？

社会が成り立つみんなの幸せを創るのが　「仕事」

あなたは　そのために何ができますか　が問いなんだ。

タオも　これに似ている。

奥がとても深いから

時々　問いかけてやらなきゃならない。

そうしなければ

サボることばかり　考えてしまう。

自由

フリーダム

自由って　すばらしいですか？

すばらしいって　思っているあなた！

そんなの　（自ら）のよし（由）　を考えているだけさ。

そこに　フリーダムはない！

考えることからの解放こそが　自由なんだ

とタオは　いっているよ。

運命

ジャジャジャジャーンは

ベートーベンの運命。

ジャジャジャジャーンと

あなたの運命を　かなでてみよう。

命を運ぶから　運命なんだ。

命を生かしきることが

運命を　開くのさ。

あきらめているあなたには　運命は開けないさ。

だって「ジャジャジャジャーン」じゃないか

タオは　そのことをよく知っているよ。

うそ

「私は決してうそをつきません！」って

誰か政治家がいっていたな。

一番の大うそつき。

うそは

あいうえお　の「う」　から始まって

さしすせそ　の「そ」　で終わるから

うそなんだ。

もっとも中途半端な　「そ」で終わる。

これが　たちつてと　なにぬねの…………と

つづいたら　最悪！

自分にまで　うそをつくようになる。

さらに　うそをついていることさえ　わからなくなる。

そのことに　気がついたら

あいうえお　の

「あ」で始まり

「い」で終わるようになる。

あ　い「愛」　が

生まれるのさ。

「道」を求めるとは　そういうことなんだ。

2

タオを知ってどうなるの

生きる

生きている

生きていく

この違いが　わかったら

生きているんだ！

タオは　こういうふうに教える。

思う　想う

思うは　自分のことしか考えていない。

想うは　相手のことを心から　おもうのさ。

相（愛）と心で　想うという漢字になっている。

タオの人は

いつも想うんだ。

存在

タオの根本原理

実存と実在

このことを　ちゃんととらえていないと

道を求めきれないよ。

僕たちの世界は　（比較することでつかむ世界）

実在するけど　実存しない。

絶対の世界は　（比べることが出来ない世界）

実在しないけど　実存する。

相対と絶対は　相反する関係なんだけど

二つで一つなんだ。

どちらか一方では　存在できないんだよ。

タオは　絶対のことを　神とはいわない　生命とよび

相対のことを　混沌とよぶ。

そこのところが　宗教とは　違うところだ。

だから悟ったり　偉くなったりする道じゃない。

タオを求めるということは

その真理を体験するということだからね。

え～！　体験するってどういうこと？

とあなたは　たずねるかもしれない。

理屈でわかっても　理解したことにはならないのさ。

リンゴしか食べたことがないのに

ナシの話をいくらしたって

わかってもらえても　わかったことにはならない。

道を求めるということは　そういうことなんだ。

実在もするが実存もする世界に　到達した人のことを

タオの人と呼ぶ。

輪廻

幾世の人生で

それぞれのあなたが　いろんな人生を体験する。

それぞれのあなたは　あなたであるが　あなたではない。

あなたはあなたの人生を　演じているに過ぎない。

ということに気づくまで　あなたの輪廻はつづく。

道を求めることは

誰でもない私に　帰ることから始まる。

タオを知ってどうなるの？

タオは　あなたが　何処から来て　何処へ行くのかを

知ることなんだ。

偉くなりたい人には　必要がない。

（そういう人間には見つけることができない）

生きていることは　愛していくことである

と気がつきはじめたあなたにしかつかめないことなんだ。

悩みからは　悩みしか生まれないし

死んでも（あの世でも）　何も解決できないことを

うすうす知っているはずだ。

だからタオを　求めるということは

本当のあなたに　出会えることでもあるんだ。

本当のあなたは

光り輝く美しい「存在」のあなたなのに

あなたは　まだ気がついていないんだ。

もう一度、いうよ

そのことを知ることは　体験することなんだよ。

タオは唯一　体験することだけが

道につながると　はっきりいっている。

タオに触れた　瞬間！

すべての疑問がとけて　悩みもなくなる。

すごいじゃないか！

小休止

老子の本は、薄っぺらな一冊を読んだだけで、その本も何処かにいっていまいました。

もう一度読み返したいのですが、自宅にもなく、仕方がなく本屋で探しましたが、同じ本は、ありませんでした。誰が訳したのか、何処の出版社かがわかればもう一度手に入れられるのですが、憶えていません。元々、この世界にはなかったのかもしれません。

気に入った本は、いつも本棚にしまっているのに、ないのです！　他の本は買う気になりません。

そのとき以降、老子に関する本はおろか道教の本にも目を通していません。

専門家の人が読まれたら「すみません！　この本は僕のタオイズムなのです」というしかありません。

この本を書くことになったのは、私の背後にいるヒラメキ導師のせいです。下書きした原稿の一部が見当たりません。

そこには、彼が登場しているからです。お節介ばあさん

として…………。

カッコイイ男性として紹介すればOKかもしれませんが、まだ一度もお目にかかっていませんので、うそはつけません。そのうち私の前に現れるそうです。とても楽しみです。

ひげがはえた白髪のじいさんに違いないと仙人をイメージしています。

会ったら酒を飲みながら、愚痴をこぼしてやろうと考えています。

ヒントをくれるだけで何も教えてくれないばかりか、訳のわからないことばかり言うからです！

あげくのはては、他人からちょっと変わった人に見られるはめになりました。

修練が足りないことがわかりますから早く上達して仙人ワールドへおじゃましたいと思います。

そこでみんな何をしているか？　を覗いてこようと思います。

集合無意識

実在はするが　実存しない世界が

あなたの見ている夢である。

（あなたの今現在）

そのことに気がついた人を　覚者という。

（タオでは仙人）

多くの人達は　夢から　夢の旅をつづけている

輪廻という　旅だ。

同じような　夢を　幾度でもみる。

あるいは　それぞれのあなたが　様々な夢を見ていく。

しかも　あなたの見ている夢は

また　同時に　多くの人達も見ている。

それは　人間という集合無意識が創る

仮想ワールドなのだ。

その中の一人であるあなたは

同時に　他の人の夢の中にいる　ということでもある。

あなたが夢の中から　覚めても

夢は続いていく　という点に関しては

この世界は　実在しているんだよ。

多くの集合無意識の一つが　あなたなのだ。

マーヤ

この世界が　実在する夢だ　というと

エ　ウソーと　あなたはいう。

夢は　実在しないから　夢じゃないか………⁉

とてもリアルな夢は　夢を見ているあなた自身さえ

夢とは　気づいていない。

現実と夢の区別さえ　つかない夢

をあなたが見ていると　仮定してみよう。

そんなの覚めてしまうと　夢だとわかるよ。

ときっとあなたは　いうに違いがない。

そうなんだ！　覚めてしまえば　夢だとわかるんだ！

覚めなければ　わからない夢の中に

あなたは　いるのだからね。

道　その1

タオの道は　とても深い。

あなたのいる場所が

タオであると　気がつくまで深いんだ。

どこにでもあって　どこにもないものを

見つける道でもあるんだ。

それは　あなたさがしでもある。

だから　悟ったり　偉くなったりする道ではない。

むしろ　悟らない　偉くならない道である。

誰でもない　あなたに帰る道である。

第一の修練

どうすれば　道を　求められるかって？

もう求めているじゃないか！

何度も言うよ　考えてはいけないんだ。

考える作業は

自分に都合の良い答えを　見つけることだからね。

タオは　問いを発することが　重要なんだ。

そうすると　ヒラメキという導師が　ヒントをくれるのさ。

そして初めて　考えてみる　調べてみる　やってみる。

みるの三段活用だよ。

第二の修練

考えないってことは　人間の存在にかかわるって？

「我思うゆえに我あり」　といいたいんだね。

哲学は　存在とは何か　宇宙とは何か

生とは死とは何か？　を

宗教は　生きる意味の中に　神と人間の関係を

問いつづけているけれど

タオは　考えてつかむのではない。

思考を停止したときに現れる

純粋意識そのものに

あなた自身が帰ることに　あるんだ。

だから「我思わないゆえに我あり」　なのさ。

考えている私　悩んでいる私　本能に生きる私を

手放すことから　はじまる。

修練がすすむと　私はあなたという意識が　芽生えだす。

ほんの小さな幸せが　かけがえのない幸せに変わる。

ここまで来ると　道を求めることに　はまってしまうのさ。

第三の修練

私は　あなたってことがわからないって？

時空のトビラを　開くかぎだから

自分自身で　見つけるしかないね。

座禅でも　するかって？

それもいいかもしれないな。

密教ヨガでも　するかって？

それもいいかもしれないな。

祈りの中に　心身を投じてみるって？

それもいいかもしれないな。

その前に　することがある

駄目な自分も　カッコイイ自分も　欲望だらけの自分も

導師に全部見られていることを　忘れないことだね。

（本当に見られてるんだ！）

それらすべてを　受け入れたうえで

こころを　カラッポにする作業が必要になる。

それは　こころのストリップ！

はずかしくて出来ないストリップが　できたら

ハートが開いていくのが　わかってくるよ。

やさしい　やさしい

空の気があなたのこころにささやいてくる。

あまりにもやさしすぎて　切なくて

どうしようもなく愛しくて

そういう気持ちが　ハートを満たしはじめるんだ。

恋に似た至上の喜びに　つつまれているのを感じたら

それが生命と直接　触れあっていることだと気がつくよ。

タオって　すごいじゃないか！

分離

矛盾するものが一つに　なろうとするとき

戦いがはじまる。

盾はどんな矛も　とおさないと主張すれば……

矛はどんな盾も　とおすと主張する……。

戦いがはじまる。

政治が宗教に介入しようとするとき

宗教が政治に介入しようとするとき

戦いがはじまる。

政治に指導力がなくなったとき

宗教を（思想を）弾圧し

宗教に人の心の指導力がなくなったとき

政治に介入しようとする。

戦いの犠牲者は　いつも名もない罪もない人達なんだ。

タオはそのことを　とてもよく知っている。

無視されることが　彼らには　一番辛いことも知っている。

タオは争いもしなければ　戦うことも好まない。

本物は　相手を認め合う処から始まる。

本当の男女の愛のようにね。

3

あるがまま　なすがまま

飛行機

道を求めることは　飛行機なんだよ。

飛行する　チャンス（機）を求めることなんだ。

時空を　自由に旅することもできるのさ。

ところで　飛行機は　どうして飛ぶの？

あの重たい　でっかいものが　大空を駆け巡る。

僕たちは　ふつう意識していないけど

空気は　とても密度が濃いんだよ。

飛行機は　加速することで

空気の密度を高めて　飛んでいるんだ。

タオも同じ。

心の振動数を高めて　加速するのさ。

生命の海を飛んで

いつでも　どこでも　好きなところにいけるんだ。

コーヒーブレイク

私は、修行らしい修行はしていません。

気の向くままが、私には合っているからです。大切なことは、短い時間でも集中することです。一日、何度でも繰り返すことが大事です。

仕事の合間に、TVの合間に、おフロの中で、どこでも、いつでも５分でOKです。

毎日続けることが、修練なのです。力をつけようと修行したら駄目なのです。

何かわからないことがあると私はノートに質問を書きます。「こういうことをしたいがどう思う？」

するとヒラメキ導師が答えてくれるのです。答えを書いているのは私ですが、その書き言葉が私の文章と違うのです。（とうとう、頭がおかしくなってきたか…？）

しかも私の予想外の発想をしているのです！

ときどき本屋でも質問します。「こんなことに悩んでいるけど？」と心につぶやきます。

ふっと立ち止まった本棚から一冊を取り出し、ぱっと開

けたページに悩んでいる事柄が書いてあるのです！

とても便利です。

ヒラメキ導師には、くせがあります。答えがあるときは、そのようにはいかないのです。慰めているだけです。

答えらしい答えでないときは、うまくことが進むのです。つまりヒントです。

これには参りました！　人生の達人です。

調べる、考える、行動する、を教えているからです。

これでわかりました！　導師は本物だと。

知識なんて、すぐ忘れてしまうものなんです。

毎日使わなければ、忘れるように出来ているのです。

知恵は教えることが出来ません。自ら調べて、自ら考える習慣が知恵を生んでいきます。

日本の教育に一番欠けている部分です。

導師は教育の天才です！

まず、誰でもない私を目指します。

［集中力］

瞑想でも座禅でも、何でもOKです。（雑念をわかなくする）

どうしてもうまくいきません。

そこで疑問に思う、「どうやればいいか？」

［問題意識］

繰り返しの修練をしているうちに、あなたに合った導師がつきます。

導師はヒントしか与えてくれません。

調べる、考えてみる、体験してみる。その繰り返しが大事！

知恵と知識がどんどんついてくるのです。

［学習能力］

この３つを引き出すのが……………教育なんです！

知恵を養う教育がそろそろ必要だと思いませんか！

豊か

物が豊かになり　どんどん便利になることは

とても　すばらしいけど

それだけじゃ豊かとは　いえないよね。

芸術があって　豊かだって…………。

そうともいえる。

でもタオの世界は　少しちがうんだ。

本当の豊かさは　あなたの中にある。

それを探すことを　「道を求める」　というんだ。

ちゃんと　地に足をつけて

空気の振動を　感じたり

草花の息づかいと　同じ息をしたり

動物達とも　語りあえることが

タオの求める　豊かさなんだ。

理想

タオは　理想をもたない。

こうであるべき自分を　もってしまうと

自分につかまってしまって　そのうちに

苦しくなって　平気で自分に　言い訳をする。

だから　道を求めることは

理想を　もたないことから　始まるのさ。

誰もいない部屋で　服をぬぎ

大の字になって　なにもしない。

とってもステキじゃないか！

それと同じこと

自分に理想をもたないって　とても気持ちがいい！

素のままの自分で　十分なんだよ。

理想をもたなければ　進歩しないって

何に対して進歩するの？

タオは　自分を捨てはしないのさ。

進歩するって　別の人間になるってことでも　あるんだよ。

別の人間になったあなたも　またあなたなんだよ。

タオは　逆なんだ　今のあなたを脱ぎ捨てて

一番楽なあなたに　たどりつく道なのさ。

何もしないでいい自分を　見つけるためにね。

あるがまま　なすがまま

運命は　決まっている。

誰の運命も　すべて決まっている。

ジャジャジャジャーンなのさ。

バラ色になれる運命を　みんな背負っている。

なのに　ジャジャジャジャーンとあなたは

逆らおうとする。

理想をもたないことこそ　最上の理想なのさ。

自分を変えようとする苦しみを

そこで生んでしまうからね。

あるがまま　なすがまま　一生懸命生きる。

そうすると　あなたを幸せにすることが　必ず訪れて来る。

タオを求めるって　そういうことなんだ。

あなたを一番幸せにする道であるんだ。

無作為の作為

未来も　決まっているよ。

今のあなたにはね。

だって　素になって　いないからさ。

素になるってことは

生きても死んでもいいという気持ちになること。

そうなることによって　未来も　見えてくるのさ。

欲にしばられているあなたは

目先しか　見えていないよ。

欲は　もったままでわすれると　必ず実現するんだ。

そのことを　無作為の作為っていうんだ。

それに欲は　一つか　二つにすることだね。

欲は　たくさんもてばもつだけ　実現しなくなる。

タオの人は　すごく欲張りだよ。

だってね　永遠の生命に帰るって欲だからね。

あなたの欲なんて　カワイイものさ。

儲ける

もうけるとは「儲ける」　ことなんだ。

信じる者　になることなんだ。

何を信じるかって？

自分自身さ！　タオにつながった自分自身のことさ。

運命が決まっているのは

タオにつながっていない　あなたなのさ。

誰でもないあなたになれば

誰でもないから　運命は白紙　なんだよ！

タオにつながったあなたは

運命を自由に創ることができる。

あなたの信じたことが実現してしまう。

だから　信じる者は　儲かるのさ。

大切なもの

一番大切なものは　何ですか？

家族　友人　仕事　お金　健康　若さ…………….。

と大切なものは　いろいろある。

人は　欠乏欲求だから

なくした時にしか　本当の大切さが見えてこない。

なくさなければ　わからなかった自分に

腹だたしさと愚かさを　見つける。

タオの人は　そのことを知っているから

平凡な中に　感謝を見つけることができる。

旅の羅針盤

タオの人は　風のむくまま　気のむくまま　旅をする。

人生という旅をするのさ。

好奇心という羅針盤を片手に

人生という航海図を見る。

問いを発すると　針が動く。

動いた方向に　旅にでる。

ここで大切な事は　羅針盤を読み違えしないことだ。

読み間違えると　とんでもない方向に行ってしまう。

欲がメガネを曇らせるから　時々拭いてあげる。

感謝という布で　拭い去ることを忘れない。

タオの人は理想をもたない。

理想をもってしまうと　旅は終わる。

理想という鎖で　自分を縛ってしまうからさ。

だからタオの人は　理想をもたないことを理想とする。

タオの人はよく掃除をする。

好奇心という羅針盤の中に　ごみがつまるからだ。

常識という教養が　私には出来ないというごみをつくる。

針は　とたんに　動かなくなる。

だから　時々　常識というものを整理してゴミを捨てる。

そうすると針は　また360度　動き出す。

タオの人は　こうして気ままな旅を楽しむ。

金持ち

あなたは　金持ちになりたいと思っている。

とてもいいじゃないか。

あなたが　大成功をして金持ちになったとしよう。

この次に　何を求める？

もっと金持ちになりたいって？

タオの人は　世界一の金持ちなんだ。

だって　必要以上求めても

しかたがないことだと　わかっているのだからね。

「足る」ことを　知ることが　世界一の金持ちなのさ。

ダルマさん

ダルマ人形を　知っているかい？

ころびそうで　絶対ころばない。

ダルマさんは　360度ころげられる。

だが　決してころばない。

必ず　立ち上がる。

手も足も　ださないから　つまずきもしない。

自分自身を　しっかりもっているからね。

つべこべ　あれこれ　いう人にはわからないことだけどね。

道を求めることと　とても良く似ているんだ。

生きている　生きていく

あなたは　生きている　それとも生きていく？

生きていく意味を考えるより

生きていることを感じるのが　タオの人なんだ。

働く

働くって意味を　知っているかい？

人が動く。

漢字の意味だな。

はたが　らくになる。

みんなが　助かるという意味だな。

本当の意味は　「はた」と「らく」　に隠されている。

端とは　はし（周りの人）　楽とは　（楽しい）

周りの人をみんな　楽しくするって意味だ。

タオでは　そう教える。

生命を輝かせることを　はたらくってね。

大きな愛　小さな愛

小さな愛を求める人は

タオの人でもあるんだ。

大きな愛を求める人も

タオの人でもあるんだ。

だって　形のないものに大きさなんてないからね。

姿のないものを求めている人が　タオの人。

求めない心になることを　道を求めるというんだ。

4

誰でもない　あなた

水

水は　とてもタオに似ている。

液体　固体　気体と変形自在なんだ。

変形自在である水は

何にもこだわらないから　とても自由なんだ。

あの硬い岩石でさえ　水は削ることができる。

命あるものを生かすのは　水があるからなんだ。

だけれど決してそのことを自慢したりはしない。

自慢しないばかりか

すべての万物の源に成っている。

とてもすごいと思わないか！

道を求めることは　その水と　とても似ている

宇宙

満天の星空を見上げた時

満天の星空は　あなたを見ているんだ。

そのことに気が付いた人のことを

タオの人という。

だって宇宙そのものが

あなたなのだからね。

私とは誰か？

私探しが

道を求めることなんだ。

だから　タオを求める人は

いつもその問いを発することから　始まる。

そして森羅万象の中に

ヒントを見つける。

知識の中から　決して答えを探したりはしない。

体験することにこそ　道があるんだからね。

I LOVE YOU

すべてに

「アイ　ラブ　ユウ」と微笑むことが

タオの人なんだ！

YOU LOVE ME

すべてに

「ユウ　ラブ　ミイ」と感じることが

タオの人なんだ！

男と女

男は男である為に　女を求める。

女は女である為に　男を求める。

男が男であれる条件は

女が女である条件と同じなのだからね。

相反するもの

相反するものがあるから　この世界が実在する。

それはそのまま　タオの世界なんだ。

相反するものは

交わることによって　創造ができる。

男と女の　愛のようにね。

交わることによって

あの可愛いベイビーも生まれる。

とてもステキだと　思わないか！

混沌

混沌としているから　この世界があるんだ。

混沌は　不完全であるから

創造ができる。

完全は　完全であるから

創造する必要すら　いらない。

だから完全は　不完全である世界を

望んだのさ。

自らが完全である　ということを証明する為にね！

誰でもないあなた

あなたは　あなたである前に

誰でもないあなたに

かえるべきなんだ。

それが道を求める　一歩なんだからね。

だって素のあなたは　360度　自由だからね。

道　その2

道は　道の上に道を　つくらず。

すなわち道は　頂上を求めざるべき。

頂上に辿り着いたら

転げ落ちるしか　ないからね。

道　その3

道は　道の下に　道をつくらず。

すなわち道は　麓を求めざるべき。

麓にもどったら

いつまでも同じ事を　繰り返すからね。

何もしない　そして何も考えない

道を求める事は

何もしない　何も考えない

あなたの中にある。

そのことが出来る人のことを　タオの人という。

だって　生まれる前のあなたは

光輝く生命　そのままのあなた　なのだからね。

悩み

悩む事によって　人は成長するというけれど

悩みからは　悩みしか　生まれてはこない！

悩む事は

より良く　生きて行こうとする　あなたなのだ！

そのあなたを　手放したとき

タオを掴むことができる。

掴むことができたら

そこには　愛いっぱいのあなたが　いる。

美

芸術の中に　美がないと　芸術とは　言えない。

美を感じる心がなければ

その美を　見つけ出すことも　出来ない。

内にも外にもあるものを　つかむことが出来たとき

美は　創造をつかさどる力をもつのさ。

そのことに　気がついた人を

タオの人という。

真

「真」とは

私自身の中に

「神」をみつけることなんだ！

善

「善」とは

私自身の中に

「愛」をみつけることなんだ！

真　善　美

すべての宗教は

「真　善　美」を掲げているけれども

これが　真　善　美である　としか

教えることが出来ない。

だって頭でしか　とらえていなからね。

だから　いつまでも　迷ってしまう。

道を求めることは

「真　善　美」を　体験することなんだよ。

タオを求める事は　そういうことなんだ！

空の気

空の気は　空気ではあらず。

空の気は

あなたを自由に　解放する「気」である。

それは　本当のあなた自身に

気がつく「気」でもある。

短所

長所は　短所を認める事からはじまる！

長所

短所は　長所を伸ばすためにある！

自慢話

私は、私の欠点を認めることから、始めました。

落ちこぼれでどうしようもない私が、もんもんと悩んでいたからです。

カッコ良くなろうと、一生懸命努力しましたが出来ませんでした。そこで、ふーと諦めたら、変人になれました。

それがとても楽なのです。とても心地よいのです。

「まあいいか！」と自分で自分を説得しているうちに、この散文詩を書くようになりました。

カッコ良くなろうを諦めた時、導師に出会いました。導師は、実在します！

私に、憑いている導師は酒飲みです。酒飲みでない私が酒飲みになった時、彼は現れます。彼もやはり落ちこぼれなのです。

落ちこぼれ同士、とても気が合います。おそらく、千五六百年前に実在した人物だと思います。彼は私の一部であり、また私は彼の一部なのです。別の人格の私なのです。でも別々に存在しています。

導師の中には、女の導師もいます。

彼女はとても厳しいのですが、美人であり、とてもオシャ

レです。

何故わかるかといえば、彼女が側に現れる時、どこからともなく花の香りがするからです。彼女とのコラボレーションで何が生まれるか楽しみです。

閉題

この本は、ノンフィクションです。実際に体験したことをまとめてあります。

私のような体験をしている人は、かなりいると思っています。

超能力、超常現象などを、まじめに取り扱った人も書籍も少なく、科学者達にはタブーとされています。霊魂や心霊現象などは、もっとひどい状態です。

だから、口に出してなかなか話せないものなのです。私もその一人でした。

私はこれらの特殊現象やその種の能力には、あまり興味ありません。なぜなら、その能力で幸せになれるかと聞かれたら、その答えは、NOだからです。

私は0歳児の時に「また生まれてしまった！」という意識がありました。「ここは何処か、私は誰か」という意識を３歳ぐらいまでもち続けていました。

その後、成長と共にその意識は消え、普通の子どもになりました。

17歳の時に、父の死のショックで人生の虚しさ、儚さを知り、幽体離脱を経験しました。

そして「生きるとは何か？　死とは何か？」という人生の悩みを抱えてしまいました。

もう受験や将来のことなど、どうでもいいのです。社会から脱落し、その答えを探し続けました。10年ほど、宗教、哲学、芸術をかじりました。瞑想もしましたが、不思議体験のバーゲンセール状態でした。最後に「すべてを捨てよ」いう意識が入ってきて、この種の世界から去りましたが、答えは見つかりませんでした。

40後半に『ヒマラヤ聖者の生活探求』の本と出会いました。すると私は、聖者と同じ体験をしてしまいます。またショックを受けました。

今度は「存在とは何か？」という疑問を抱えてしまいました。現実が夢で、夢が現実じゃないかという疑問が、私を不思議世界にもどします。その後、老子の本に出会い、私と似たものを感じました。

ところが、その大切な本が消えてなくなりました。元々存在してなかったのかもしれません。

考えてみれば、私探しが私のライフワークだったのです。

体験主義者の私は、経験のないことは納得できないのです。

寿司を食べたことのない外国の方に寿司のうまさを伝える事を、あなたは出来ますか？

言葉の限界がそこにあります。食べたら、一目瞭然なのです。

私は食べたらさらに、自分でも作りたくなるのです。

どうやって作るか？　（原理を探す）

自分で作る。（原理の確認）

失敗から学ぶ。（正しく誰でもできるようにする）

物が作れてしまうのです。作れるから楽しいのです。

再現性のないことは、科学では取り扱えません。

同じことなのです。私の捉えた世界が、私に出来てあなたに出来なければ、それはウソといっても過言ではありません！

こういった精神世界を取りあげていらっしゃる方々の落とし穴が、そこにあります。

何故体験させてあげないのか？　本物じゃないのです。

イエスキリストは、ちゃんと真我顕現する方法を説いています。

私とあなたは同じ神の子なのだよ、わたしに出来ることはあなたにも出来ます。愛にはじまり愛に終わることを永遠と、説いています。

それこそ原理なのです。キリスト意識になる方法なのです。しかも、自ら求めれば与えられる、自ら求めない限り掴めないと。それは、神に頼るな、あなたは神であるから

神に帰りなさい、ということなのです。

それがいつのまにか、神と人の分離に変わり、神に救いを求める宗教に成り下がりました。

仏陀も同じことを説いています。

輪廻からの脱出です。生まれては死に、死んでは生まれるということの虚しさ。前世体験をしているのです。前世での愛する人々の思い出があるのです。

生きていることは、いずれ迎える死によって愛する人々との別れが訪れます。同じことの繰り返しが輪廻です。

愛別離苦からはじまり、四苦（生、老、病、死）に辿り着きます。

生きる苦しみ

生存競争、より良く生きる為に人は生きています。受験戦争、出世競争、あげくの果ては国と国との戦争までしてしまいます。

老いる苦しみ

肉体はどんどん古くなっていきます。若いときは、みんな元気できれいです。どんな美人も、おばさんからおばあさんになってしまいます。

病の苦しみ

医学がどれだけ発達しても病気は無くなりません。死も無くなりません。病におかされる、痛みと苦しみも体験し

なくてはなりません。

死を迎える苦しみ

愛する人々との別れ。とても悲しいものです。虚しいものです。せっかく築き上げた名誉、地位、財産もあの世に持っていけない。あの世があるかのどうかもわからない。あってもあの世がどんな所かわからない。しかも一人で旅立つ不安。

この四苦八苦の世の中が嫌になって、一国の王子であるシャカは、名誉も地位も財産も捨てて出家したのです。ここに私はシビレてしまいました。私だったら好き勝手にして王様遊びに夢中になります。毎日どんちゃん騒ぎのハーレムです。

やがてその答えを仏陀は見つけました。

空に始まって空に終わります。

この世界はマーヤ（幻覚）なのです。つまり夢。

夢から覚めることが空なのです。

無でもなければ、有でもない

すなわち空なのです！

空を体感するには、慈悲の心（愛）になりなさい、実践しなさい。そうすれば、自我（夢を見ていることさえわからない私）から真我（夢から覚めた私）に、すなわち空（実在も実存もする世界）に目覚めますよ、と永遠に説い

ています。

輪廻からの脱出が出来てしまうのです。しかもキリストと同じで、原理がわかっているから誰でも出来てしまいます。キリスト意識、真我顕現と、結果は同じです。

仏陀もキリストも、実践哲学者です。体系的にその方法を説いています。その教えが宗教になってしまい、隠されてしまったのです。

日本古来の神道も同じです。

神への道が、神道なんです！　神になる方法が説かれています。かんながらの世界です。

「かんながらたまちはえませ」は、私は神の子に戻りますという宣言なのです。

神道は、言魂から始まり、言魂に終わります。これも実践哲学なのです。

あかさたな、からはじまる日本語は、はまやらわ、ん、で終わります。

言葉のもつ意味とイメージに魂が共鳴するのが言魂なのです。言魂の発生する音に、自らを投じてしまえば、真我顕現できてしまいます。

これも隠されてしまいました。大和民族はもともとおとなしく、和の文化があったので、愛とか慈悲から教える必要がなかったのです。

西洋と東洋の歴史と文化が違うだけで、すべて同じことの別の表現でしかありません！ 西洋料理が旨いか、中華料理が旨いか、日本料理が旨いかの違いしかないのです。

「次は、あなたの番です」

愛することは、生きることに気がつき始めたあなた！
このまま環境破壊が進むと地球が危ないと気がつき始めたあなた！
年金では暮らせないと気がつき始めたあなた！
日本が官僚支配の社会主義だと気がつきはじめたあなた！
死ぬとどうなるかと不安になり始めたあなた！
そんなあなただからこそ、出来ることがあります。
生命の海を体験してください。
やさしい、やさしい空の気に触れて
恋に似た至高の喜びに包まれて
生命という存在そのものに辿り着いたとき
世界は、変わります。（1％の人達の目覚め）
人間中心主義のエゴ社会からエヴァへ
共に考え
共に助け合い
共に解決する
という生命本来の本質に目覚め愛と調和の世界に変わります。
地球始まって以来の生命科学文明が、始まります。

「最後に」

初めて書いた本を、私は五人の友人に読んでもらうべく、ワードに向かって打ち込みました。私は紙と鉛筆で書く方が性に合っているのですが、あまりにも文字が乱雑で書いている本人さえ読みづらいのです。

仕方がなくパソコンに向かうと不思議なことが起こりました。一週間で両手を使って打ち込めるようになりました(55歳の爺さんもすてたもんじゃない!)。

やはり習うよりも慣れろ、なのです。

本の内容はまったく同じ内容を別の表現で書いてあります。ロジカルかエモーショナルか表現の違いなのです。つまり右脳と左脳の違いなのです。人に読んでもらうと様々な反応が返ってきます。

はは~ん！　この人は右脳なんだ。この人は左脳なんだ。私の実験は、とてもうまくいきました。

難解な哲学をどう面白く読んでもらうかが実験テーマだったからです。

私が送った中越さんから返事が来ました。

「面白いから私の友人に読んでもらってもいいか？」

「もちろんいいですよ！　どこが面白かったですか？」

「散文詩の方は、イマイチわかりにくかったけどエッセイの方は面白い！」

　中越さんもすごい人だとすぐわかりました。

　エッセイはできる限り難解な言葉を使わずエモーショナルに書きました。散文詩の方は逆にロジカルに書いています。中越さんの友人は反対の反応を示しました。

「この散文詩は面白い！」

　私はまたギクッとしました。私が本を書こうと決めたのは散文詩の方だからです。

　散文詩が元になってエッセイを書いたからです。でも２人とも同じなのです。本質を捉えているのです。

　中越さんの友人が白馬社の社長だったことから、おかげさまで出版することが出来ました。

　さて、あなたは、右脳ですか？　左脳ですか？

　本質を捉える力は、どちらでもいいのです。

　両方を読まれると「右脳と左脳のダンス」が始まります。例のオートプログラムされた意識の転換が始まります。常識という鎖に縛られたあなたを解放するはずです。

　大切なことは「私たちの本質は生命そのままである」ということを体験することだからです。

　そのことを**「道を求める」**というのです。